pants

おむつの上からでもはける
パンツやブルーマー

平らなワンコ服
パンツもドレスも

contents

＊ドレスとパンツのコレクション＊ 0

首ひもワンピース＊＊＊03

シンプルワンピースとロンパース＊＊＊04

ケープワンピース＊＊＊06

ケープワンピースバリエーション＊＊＊07

肩ひものワンピース＊＊＊08

リボンつきワンピース＊＊＊09

チェリーのワンピースとボンネット＊＊＊10

オーガンジーのワンピースとボンネット＊＊＊11

この本のパンツとサスペンダー＊＊＊12

セットアップ＊＊＊14

パンツワンコ大集合＊＊＊16

ジャンパースカート＊＊＊18

オーバーオール＊＊＊19

デニムのハーネス＊＊＊20

フリルつきハーネス＊＊＊21

お祭りワンコのはっぴ＊＊＊22

涼しそうな甚平さん＊＊＊23

ハートのワンピースとロンパース＊＊＊24

誕生日のお祝い服＊＊＊26

カバーオール＊＊＊28

キルティングのボレロ＊＊＊29

トレンチコート風ワンピース＊＊＊30

フリルつき肩ひものワンピース＊＊＊31

セーターをリメイク＊＊＊32

マフラーつきコート＊＊＊34

フードつきコート＊＊＊35

寒い日のちゃんちゃんこ＊＊＊36

＊ how to make ＊ 37〜

この本の服の基本形＊＊＊37

カンタン型紙を拡大コピーする＊＊＊38

基本の作り方　typeA スカートを作る＊＊＊40

typeA パンツを作る＊＊＊42

typeA ワンピースの胸当てとサスペンダーを作る＊＊＊44

typeB の服を作る＊＊＊45

typeC ケープタイプの服を作る＊＊＊46

衿つきのボディ・セットアップの服＊＊＊48

出来上がった服の調節＊＊＊49

＊ 型紙とそれぞれの作り方 ＊ 49〜

カンタン型紙　付録

JN108427

dog's "TAIRA" dress

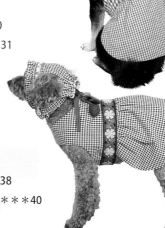

Vol. 3

ドレスとパンツのコレクション

小型犬
と
小さめ
中型犬の
ワンコ服

胴回り
約30〜50cm

この本の服は……

平たく作って

胸当て

パンツは、
← ゴムを →
入れました

着るとこんな感じです

collection of dresses and pants

おしっこやウンチが、かからないように、お腹があいています

面ファスナーで
首のベルトを
とめます

胴を
とめます

胸当てを
かぶせて

パンツの
ベルトに
面ファスナー
でとめます

立ち写真について
服の構造を分かり
やすくするための
説明写真です。
モデルの
ゆずちゃんは
2足歩行が
大好きな
ワンコですが、
この本の写真は
無理のないように
抱きかかえて
撮影し、
手を消して
加工しています

＊首ひもワンピース＊
neck strap dress

首ひものついた胸当てと、スカートが別々になっていて、涼しげなドレス。
型紙：p.54 ／作り方：p.40-41・44 ／本体素材：綿／その他：杉綾テープ・レース・面ファスナー

❷首でリボン結び

着せるときは
❶お腹で
面ファスナーを
とめて

＊シンプルワンピースとロンパース＊
basic dress and rompers

ワンピースとロンパースのボディは同じ型紙。
ワンピースは、ギャザースカートを
ロンパースは、パンツをつけます。
それぞれリバーシブル。表裏の柄を楽しめます。

シンプルワンピース

型紙：p.52／作り方：p.40-41・45
本体素材：綿／その他：面ファスナー

表

裏

ロンパース

型紙：付録型紙 B 面／作り方：p.42-43・45

本体素材：綿／その他：面ファスナー

裏

表

ロンパースは、
一体型で着丈が調節できないので、
ダックスフントのように
背丈の長いワンコには、
p.14のセットアップが
おすすめです

＊ケープワンピース＊
cape dress

丸い型紙の、カワイイケープ風のワンピース。
型紙：p.53／作り方：p.46-47
本体素材：綿／その他：面ファスナー

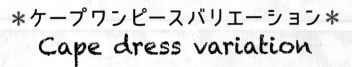

ケープワンピースバリエーション
Cape dress variation

シンプルな円形なので、
バリエーションで
遊んでください

グログランリボンつき
型紙：p.53／作り方：p.46-47・70
本体素材：綿
その他：グログランリボン・面ファスナー

首フリル
型紙：付録型紙Ａ面／作り方：p.46-47・70
本体素材：綿／その他：面ファスナー

縦フリル
型紙：付録型紙Ａ面
作り方：p.46-47・70
本体素材：綿／その他：面ファスナー

＊肩ひものワンピース＊ リバーシブル
shoulder strap dress

レースにゴムを通した肩ひもなので着せやすいワンピースです。

型紙：付録型紙Ａ面／作り方：p.62-63・65

本体素材：綿／その他：レース・平ゴム・面ファスナー

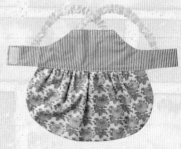

＊リボンつきワンピース＊ リバーシブル
back ribbon dress

背中にリボン結びをして、ギャザースカートもカワイイワンピース。
型紙：p.74 ／作り方：p.62-63・65 ／本体素材：綿／その他：面ファスナー

＊チェリーのワンピースとボンネット＊
dress with cherries

チェリーがチャームポイントのワンピース。

本体素材：綿／その他：チロリアンテープ・リボン・面ファスナー

ワンピース 型紙：ボディとチェリー p.74-75・スカート p.52

作り方：p.62-63・64

ボンネット 型紙：p.75／作り方：p.57

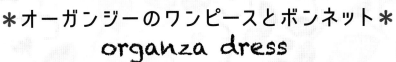

＊オーガンジーのワンピースとボンネット＊
organza dress

透ける素材が優雅なワンピース。　本体素材：オーガンジー
その他：リボン・面ファスナー／**ワンピース**　型紙：p.52 ／作り方：p.62-63・64
ボンネット　型紙：p.75
作り方：p.57

この本のパンツとサスペンダー

パンツがカンタンにワンコに着せられて、サイズが調節出来るようにしました！
ブルーマーやパンツのベルトは胴回りの途中までの長さ、
サスペンダーの胸当てをワンコのお腹でとめます

カンタン！サスペンダーパンツの着せ方

① サスペンダー裏側

サスペンダーのゴムを面ファスナーでとめます

パンツ裏側

② ワンコにパンツをはかせます。サスペンダーを背中から首にかぶせます

サスペンダーを作るときのゴムの長さと交差位置

強く硬いゴムはさけます。仮どめしてチェックしながら作ってください。きつすぎたり、ゆるいとワンコの負担になります。
出来上がってからも、しばらくの時間ワンコに着せて必ず様子をみてください。合わない場合は再度調整してください

❶パンツをはかせて、
サスペンダーの胸当てを
ベルトにとめます。
ゴムを背に回してちょうどよさそうな
長さの位置に印をつけ仮どめします

❷交差位置は背中の
やや上側にすると
ずれにくいです。
交差位置に
印をつけます

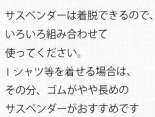

サスペンダーは着脱できるので、
いろいろ組み合わせて
使ってください。
Ｔシャツ等を着せる場合は、
その分、ゴムがやや長めの
サスペンダーがおすすめです

❸

サスペンダー
表側

サスペンダーと
パンツのベルトの
面ファスナーを
合わせてとめます

実際には、
こんな姿勢で
とめます

この写真は
加工しています

ワンコの皮膚は敏感です。長時間つけっぱなしに
しないでください

❸一旦、背中のゴムの
仮どめを外し、
交差位置を
洗濯バサミ等でとめ、
頭が通るか
確認してください

パンツ 型紙：p.55／作り方：p.42-43
　　本体素材：デニム・綿／その他：ゴム・面ファスナー
サスペンダー 型紙：p.55／作り方：p.44・59
　　本体素材：デニム・綿・幅広のゴム
　　その他：面ファスナー・フェルト・わた・刺しゅう糸少量

セットアップ
setup bruma and pants

パンツの上に服を着せたいときは、サスペンダーの上に着せると窮屈。
パンツが落ちないように上着にとめてセットアップに

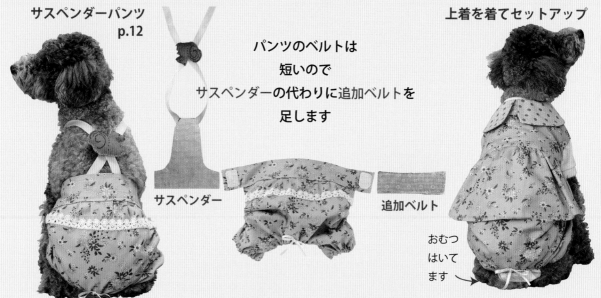

サスペンダーパンツ
p.12

パンツのベルトは
短いので
サスペンダーの代わりに追加ベルトを
足します

サスペンダー

追加ベルト

上着を着てセットアップ

おむつ
はいて
ます

セットアップの着せ方

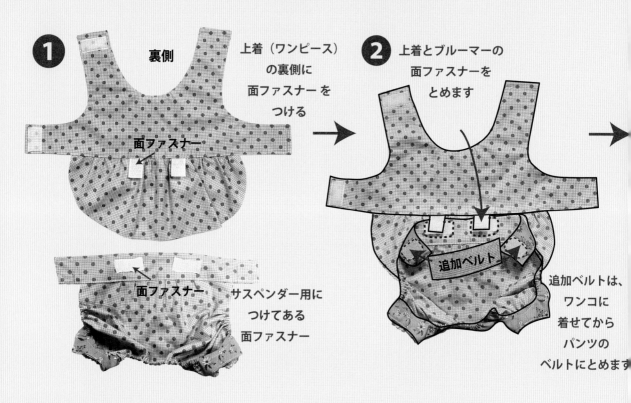

❶ 裏側　上着（ワンピース）の裏側に面ファスナーをつける

面ファスナー

面ファスナー　サスペンダー用につけてある面ファスナー

❷ 上着とブルーマーの面ファスナーをとめます

追加ベルト

追加ベルトは、ワンコに着せてからパンツのベルトにとめます

ダックスちゃんが着てみました

上下一体型のロンパースや
カバーオールが向かない
胴の長いワンコも
これなら調節して着られます

❸

ワンピースの
首のベルト
をとめます

ワンピースの
胴のベルト
をとめます

追加ベルトと
パンツのベルトを
とめます

この写真は
加工しています

ブルーマーのセットアップ
上着　型紙：付録型紙 B 面／作り方：p.48・62〜64
　　　本体素材：綿／その他：面ファスナー
ブルーマー　型紙：付録型紙 B 面／作り方：p.56
　　　本体素材：綿
　　　その他：ゴム・面ファスナー・レース・リボン
追加ベルト　型紙：付録型紙 B 面／作り方：p.48
　　　本体素材：綿／その他：面ファスナー

ワンピースの面ファスナー つけ方とつけ位置
どのデザインのワンピースも
つけ方 p.48　つけ位置 p.52-53

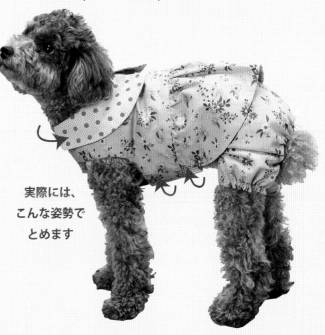

実際には、
こんな姿勢で
とめます

＊パンツワンコ大集合＊

男の子用
紙マナーベルト

女の子用
紙おむつ

旅行、外出時や、
少し高齢のワンコの場合、
市販のおむつをつけなくちゃいけないことが。
こんな服でお出かけしてみて

サスペンダーとパンツ

マナーベルトや、おむつの
上に着ています

ギャザーパンツ

ブルーマー

パンツ
丈が
長いです

ブルーマー
丈が短く
ちょっとぷっくり

パンツワンコ

ブルーマーワンコ

コーディネートのバリエーション

いろんな服やパンツ、別々に作ったのを、
合わせて着せてもかわいいです

チェックのシャツ

型紙：付録型紙A面／作り方：p.46-47・48・70
本体素材：綿／その他：レース・フェルト・面ファスナー

Tシャツも重ね着

ジャンパースカート
jumper skirt

プリーツスカートがカワイイ、ジャンパースカート。型紙：付録型紙Ａ面／作り方：p.61

本体素材：綿コーデュロイ・ウール／その他：面ファスナー・グログランリボン少量

ストラップをゴム入りにする場合はゴム

胸当て

背当て

面ファスナーでとめる

✳オーバーオール✳
overalls

ストライプの切替えがポイントのオーバーオール。
型紙：付録型紙B面／作り方：p.60
本体素材：綿／その他：ゴム・面ファスナー

胸当て

面ファスナーで
とめる

背当て

19

＊デニムのハーネス＊
denim harness

縁をほどいてフリンジにしたハーネス。
リボンがチャームポイント。
型紙：付録型紙Ｂ面　作り方：p.66
本体素材：デニム
その他：PPテープ・Ｄカン
サイドリリースバックル
リボン用綿布かリボン

お散歩のときは、ハーネスだけでなく、
首輪のリードとダブルで使用することを
おすすめします

＊フリルつきハーネス＊
frill harness

フリルがカワイイ花柄ハーネス。
型紙：付録型紙Ｂ面／作り方：p.67
本体素材：綿・キルト芯
その他：ＰＰテープ・Ｄカン
　　　　バイアステープ

お散歩のときは、ハーネスだけでなく、
首輪のリードとダブルで使用することを
おすすめします

＊お祭りワンコのはっぴ＊
happi coat

直線裁ちのカンタンな作り。
1枚仕立てです。夏祭り用に。
型紙：付録型紙B面／作り方：p.72
本体素材：綿（手ぬぐいでも）
その他：面ファスナー

涼しそうな甚平さん
jinbei

甚平さんの袖つけ位置には
はしごレースを差しました。
1枚仕立てです。パンツは2枚。

型紙：付録型紙B面

作り方：甚平 p.72・パンツ p.42-43・57

本体素材：綿（手ぬぐいでも）

その他：はしごレース・ゴム・面ファスナー

＊ハートのワンピースとロンパース＊
heart dress and rompers

背当てがハートのストラップつきの服。それぞれ、リバーシブルになっています。頭が大きいワンコは、ストラップを
ゴム仕様にしてください。型紙：付録型紙Ａ面／本体素材：綿／その他：面ファスナー・ゴム
作り方：ワンピース p.10-11・58-59　ロンパース p.12-13・58-59

リバーシブル

リバーシブルの場合、
裏側は、ハートの先が隠れます

ロンパースの着せ方

1 パンツをはいて、

ストラップを頭にかぶせる

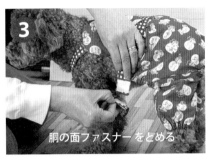

2 頭を通す

3 胴の面ファスナーをとめる

＊誕生日のお祝い服＊
birthday celebration dress

Happy

お祝い服を着せて
記念撮影。
「うちの子、
カワイイ！」

Birthday

大判のフェルトを使って
型紙どおりに切り抜いて、
衿は折りたたんだ
だけ

フェルトよりも
大きな服は、
胴のベルトを
別に切って、
縫いつけてください

型紙：本体 付録型紙Ａ面・文字と装飾 p.77
作り方：p.77／本体と装飾素材：フェルト
その他：アイロン両面接着シート
フェルト用接着剤

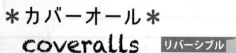

＊カバーオール＊
coveralls リバーシブル

サーカスのクラウンみたいな衿がアクセントのビビッドなプリントと、
エンジニアっぽいカーキのリバーシブルつなぎ。型紙：付録型紙 B 面／作り方：p.68-69
本体素材：綿／その他：フェルト・アイロン両面接着シート・面ファスナー

カバーオールは、
一体型で着丈が
調節できないので、
ダックスフントのように
背丈の長いワンコには、
p.14 のセットアップが
おすすめです

キルティングのボレロ
quilted bolero

寒い日には、あったかそうなキルトのボレロを重ね着。
型紙：付録型紙Ａ面／作り方：p.66／本体素材：キルティング
その他：ニットの縁どりテープ・面ファスナー

＊トレンチコート風ワンピース＊
trench coat style dress

カーキ色とピンクのチェックの2着。
今日はどちらの気分？
型紙：p.76 ／作り方：p.62-63 ／本体素材：綿
その他：フェルト・グログランリボン
アイロン両面接着シート・面ファスナー

＊フリルつき肩ひものワンピース＊ リバーシブル
Frilled strap dress

大きなフリルのストラップドレス。
型紙：スカート p.52・その他は付録型紙 A 面／作り方：p.58
本体素材：綿／その他：面ファスナー

裏側

表側

胸当てとストラップを
スカートと別の柄に。
表裏どちらでも着られます

胸当てとストラップを
スカートと共柄にして
裏側で着ています

＊セーターをリメイク＊

ニット用のアイロン片面接着テープ（伸びるタイプ）を使えば、
ほつれずに縫えます。作り方：p.50

超カンタンセーター

小さめのワンコには袖口を使って、
タートルネックセーター。
頭が通って、窮屈じゃない
セーターを探してね。
その他の素材：毛糸少量

刺しゅう入りセーター

M サイズ以上のワンコなら、
セーターの裾のリブ編みを衿に、
接着テープを貼り、切り抜いて
縁どりをかわいく刺しゅう。
その他の素材：毛糸少量

他ページの掲載作品をセーターをリメイクして作ってみました。
基本の作り方は同じです

ワンピース

p.04 のシンプル
ワンピースと
同じ形です。
型紙：ボディ p.52
スカート p.74
その他の素材：面ファスナー
ニット用のアイロン片面接着テープ
毛糸少量

オーバーオール

p.19 と同じ形です。
型紙：付録型紙 B 面
その他の素材：面ファスナー
チロリアンテープ・ゴム
ニット用のアイロン片面接着テープ
アイロン両面接着シート
刺しゅう糸少量

セーターを
縫いしろをつけて切ります。
p.50 参照。
裏布は綿を使います

overalls

ベルトは、裾のリブ
縫いしろをつけない

belt

小さな
パーツは袖

pants

パンツは
2 枚はぎ

作り方は、p.60 参照。
ストラップはチロリアンテープを
2 枚合わせて縫い、ゴムを通しました。
背中の文字は、好みの
大きさに拡大して貼り、縫いつけます。
文字図案、アップリケのつけ方 p.77 参照

dress

スカートは裾を使う
縫いしろをつけない

skirt

body

作り方は、p.62-63 参照。
スカートは、
ギャザーを寄せて、
ボディの上に乗せ
表裏からかがります

＊マフラーつきコート＊
coat with scarf

着脱可能なマフラーのついた、ケープワンピースと同じ作りのコート。
起毛地を使うのでケープ部分は、綿のタイプよりやや大きめです。

型紙：付録型紙Ａ面／作り方：p.46-47・71
本体素材：ファー・綿・キルト芯
その他：レースパーツ・リボン・面ファスナー

マフラーは、
取り外しできます

＊フードつきコート＊
hooded coat

ちょっとワイルドそうなアニマルプリントと
ナチュラルな花柄のリバーシブル。
フードは、苦手なワンコもいますが、
かぶらなくても背中があったかです。
型紙：付録型紙Ａ面／作り方：p.46-47・71
本体素材：ファー・綿・キルト芯
その他：面ファスナー

リバーシブル

リード用の穴

35

寒い日のちゃんちゃんこ
chanchanko リバーシブル

ファーとレーヨンのレトロプリントを使ってふっくらちゃんちゃんこ。
ワンコがあったかそうにしてると、うれしくて私もあったかくなれます。
型紙：付録型紙B面／作り方：p.73／本体素材：ファー・綿／その他：面ファスナー

この本の服の基本形

基本の形は A~D だけ。バリエーションはいっぱいです

胸当て　　　サスペンダー　　　追加ベルト

type A

胸当て、サスペンダー、
追加ベルト と
スカート・パンツを
セットで使うタイプ
基本の作り方
p.40〜44・48

胸当てと
ストラップ、
スカート・パンツが
つながったタイプ
基本の作り方 p.40〜43
型紙の修正 p.54-55

type B

ボディと
パンツやスカートが
一体型のタイプ

基本の作り方
p.45、62-63
型紙の修正 p.52

type C　ケープのように、　基本の作り方 p.46-47
　　　　　円形のタイプ　　型紙の修正 p.53

type D　直線裁ちの
　　　　　和装タイプ

基本の作り方 p.72-73

how to make

37

カンタン型紙を拡大コピーする

1 採寸

うちのワンコのサイズを測ります

★首・胴回りは、指を2〜3本入れてゆとりをもたせて測ります

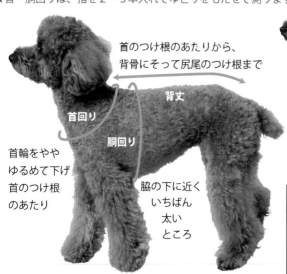

首のつけ根のあたりから、背骨にそって尻尾のつけ根まで
背丈
首回り
胴回り

首輪をやや
ゆるめて下げ
首のつけ根
のあたり

脇の下に近く
いちばん
太い
ところ

服を持っていたら

平らに置いて、胴回りを測ってください。
伸縮素材やジャストフィットの場合は、
少し余裕をもたせてね

胴回り

首回り

シャツの
いちばん
太いところ

うちのワンコのサイズ

計測日	胴回り	首回り	背丈
	cm	cm	cm

2 型紙の拡大率を選ぶ

胴回り

ワンコの胴回り
を基準に、
拡大率を
決めます

胴回り29cm
の場合は、→
拡大率200%

型紙サイズ表

	胴回り	拡大率	首回り	背丈
	29cm	200%	20cm	20cm
SS	30.5	210	21	21
	32	220	22	22
	33	230	23	23
	34.5	240	24	24
S	36	250	25	25
	37.5	260	26	26
	39	270	27	27
	40.5	280	28	28
M	42	290	29	29
	43.5	300	30	30
	45	310	31	31
	46.5	320	32	32
	48	330	33	33
L	49.5	340	34	34
	50	350	35	35

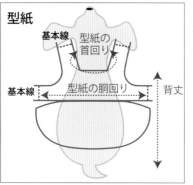

型紙

基本線
型紙の
首回り

基本線
型紙の胴回り
背丈

●拡大し、基本線間を測ると、
型紙の胴回りは、サイズ表に
近い寸法になります

●首回りは、デザインによって
違うので目安です

●ワンピースやパンツ等の丈も
デザインによって違うので、
背丈はワンコに似合う
サイズを探す目安です

パンツの場合は、サスペンダーや服の胸当て、追加ベルトなどを、
ベルトに足した寸法が胴回りになります。p.54-55 参照

サイズ表の胴・首回り・背幅のバランスが合わない場合
★よりフィットする服にするにはカンタンな型紙修正をします。
基本線の位置をずらして、首・胴回りを個別に修正します。
首・胴回り寸法が足りない場合は特に、出来上がってから足すのは
大変なので、修正をおすすめします。p.52〜55 参照

★本書のシリーズ2冊め『着せるとカワイイ　平らなワンコ服　30着』
とは基本寸法がやや異なります。このサイズ表を確認して作ってください

3 コピーする

1 100%でコピーする

本のノドをしっかり開いて、付録型紙は
折り目を平らにして、型紙の方眼線が、
ゆがまないようにコピーしてください

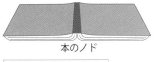

本のノド

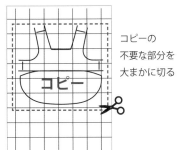

コピーの
不要な部分を
大まかに切る

コピー

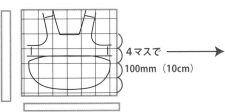

4マスで
100mm（10cm）

2 うちのワンコサイズに拡大する

本体型紙は、だいたい
2～6枚でコピーできます

原稿台で型紙を縦横に
移動させながら
A3サイズでコピーする

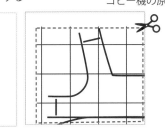

コピー機の原稿台

貼り合わせ
やすいように
コピーの余白を
おおまかに
切る

縦横の
ガイド線を
合わせながら
貼る

拡大後は、
拡大率200%の場合、
4マスで
200mm（20cm）

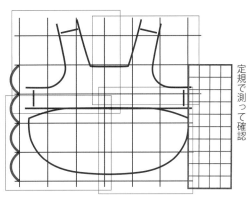

定規で測って確認

4 出来上り線を引いて、型紙完成

基本線に 1.5cm 足して出来上り線を引きます

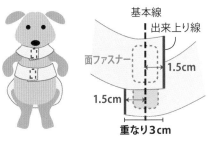

基本線
出来上り線
面ファスナー
1.5cm
1.5cm
重なり3cm

ワンコに服を着せるときは、
ベルトの端を3cm重ねて
面ファスナー（幅2.5cm）でとめます。
出来上り線は基本線の
1.5cm 外側になります

出来上り線

1.5cm
1.5cm

基本線

1.5cm
1.5cm

型紙

面ファスナー
面ファスナー

5 試着

型紙が出来たら
切り抜いて、首・胴を
合わせて着せてみて
ください。印をつけて、
型紙の確認をしましょう。

型紙
鉛筆

拡大率はワンコによって違いますが、
使用する面ファスナーの幅 は、拡大率が変わっても同じです。
そのため、ベルトの重なり幅は、このように後から足します

不織布に写すと着せやすいです。どの服の場合もこのボディ型紙で試着してサイズ確認してください

39

基本の作り方

犬服はとても小さいので、この本では裁縫が初めてでも作れるように工夫しました。
ほとんどの服は2枚仕立て。これは作りやすいからです。表・裏別の色や柄の布を使えばリバーシブルで楽しめます

type A スカートを作る（p.03）

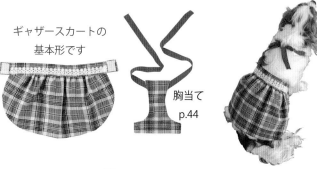

ギャザースカートの
基本形です

胸当て
p.44

布：ベルト用1枚／スカート用は 表・裏の2枚。
服が小さいので、布目はタテ・ヨコどちらでも
大丈夫です。

★手縫いのかたは縫いやすい布を選びましょう。
布地屋さんの人に聞いてみてください

1 表布に型紙を写す

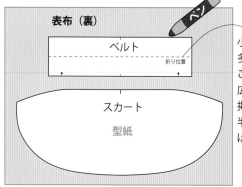

表布（裏）

ベルト

折り位置

スカート

型紙

小さいパーツが
多いので、
この本の型紙は、
広げたものを
掲載しています。
半分に折った「わ」
は、ありません

表布が写しにくい素材の場合は、裏布に写して作業を進める

2 縫いしろ線を引く

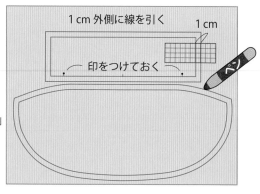

1cm 外側に線を引く

1cm

印をつけておく

3 縫いしろ線で切る

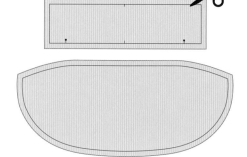

4 裏布に乗せる

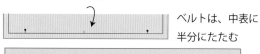

ベルトは、中表に
半分にたたむ

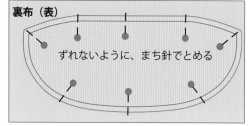

裏布（表）

ずれないように、まち針でとめる

5 裏布の余分を粗く切る

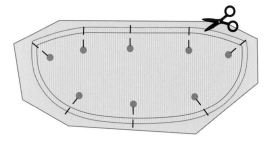

6 出来上り線を縫う

—— 線の返し口やひもつけ位置は縫わない

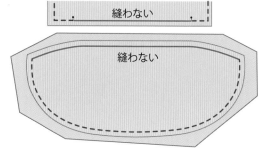

縫わない

縫わない

7 縫いしろに切込みを入れる

角を
切る

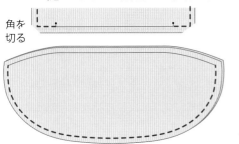

内側に凹んだ
箇所は、切込み
を入れる

8 縫いしろを折る

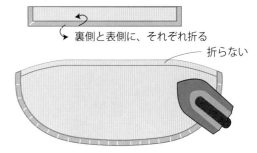

裏側と表側に、それぞれ折る

折らない

9 表に返し、表側に印つけする

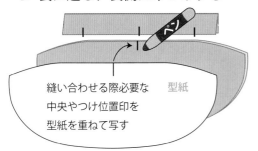

縫い合わせる際必要な
中央やつけ位置印を
型紙を重ねて写す

型紙

アップリケ位置等は
型紙を切り抜いて
表に返した服に
乗せて
写す

型紙

10 スカートにギャザーを寄せる

粗く縫う

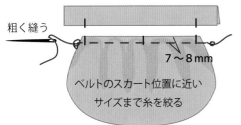

7～8mm

ベルトのスカート位置に近い
サイズまで糸を絞る

11 ベルトに差し込む

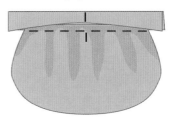

スカートつけ位置に
スカートを差し込み
中央を合わせ
ギャザーを均等にならす

12 縫いとめる

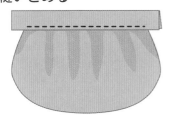

13 付属をつける

面ファスナー
硬い面

面ファスナー
硬い面

レースを
つける

面ファスナーのつけ方

この本では服をとめるのにこれを使います

幅25mmの、裁縫用のものを使う。
粘着タイプは使わない

質感の違う2枚のテープの組合せ

柔らかい

硬い

型紙 ワンコサイズに拡大するので、型紙中の面ファスナー 表示は、
つけ位置とサイズの目安です

面ファスナー

つけ方

1 面ファスナーの角を
丸く切る

2 角を縫って
仮どめする。
ワンコに着せて、
服のサイズ確認

仮どめ

3 しっかり
縫いとめる

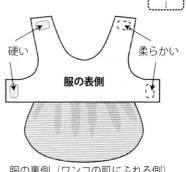

硬い

柔らかい

服の表側

服の裏側（ワンコの肌にふれる側）
には、柔らかいほうをつける

サスペンダーと
セットで使います

type A パンツを作る（p.12）ギャザーパンツの基本形です

布：ベルト用1枚／パンツ用は 表・裏の2枚

❶表布に型紙を写し、縫いしろをつけて切る

表布（裏）　パンツベルト

p.40❶❷❸参照

パンツつけ位置の
印をつけておく

表布（裏）

パンツ

★裾を
ストレートに
したい場合は
ストレート位置で
型紙を切る

ブルーマーは、
パンツ丈が短いので
ゴムの通し方が少し
違いますが、作り方は
ほぼ同じです
作り方 p.56

❷裏布にとめ、出来上り線を縫う

ベルトは中表に半分にたたみ、縫う

青線の箇所（返し口や
ゴム入れ口）は縫わない

裏布（表）

❸縫いしろに切込みを入れる

裏布を表布にそって切る。
表に返しやすいように、切込みを入れる。
ゴム通しが縫いしろに引っかからないように、
のりをつけて縫いしろを折る

縫い代を裏側と
表側に、
それぞれ折る

裏表の縫いしろの図の箇所に
のりをつける

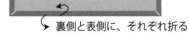

のり

❹縫いしろを折る

縫いしろを折り、アイロンをかける

裏側と表側に、それぞれ折る

❺表に返し、ステッチを入れる

型紙を乗せてゴムとめ位置を写す

1 cm

ゴムとめ位置

裾は、
キワにも
ステッチする
約2〜3mm
1 cm

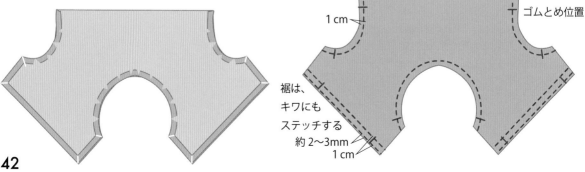

❻ゴムを通す

①ゴムを通す

②片側のゴムとめ位置のゴムを縫いとめる

もう片方は、ギャザーを寄せてからとめる

ゴムの端は長めに残す

表布（表）

ゴム端を引いて余分を切る

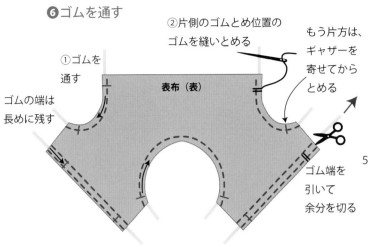

❼パンツの裾を重ね、表裏両側からかがる

パンツの裏側

ゴムは、引けるようによけて縫う

5mm 重ねる

かがる

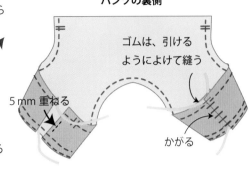

❽パンツのウエストにギャザーを寄せる

パンツの縫いしろを印を合わせてベルトに差し込む

糸を引いてギャザーを調節

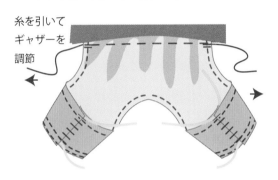

❾ベルトに縫いとめる

ベルトにパンツを縫いとめる

❿ゴムを引いてギャザーを寄せる

ゴムはゆるめにきつく締めない

ゴムの長さは、ゴム位置を引っ張ったときに布がきちんと伸びる程度

ゴム端をとめ位置に縫いとめる

端は残したまま

⓫試着して、ゴムを切り、面ファスナーをつける

サスペンダーをパンツに仮どめして面ファスナー位置を確認。ギャザーがきつくないかを確認

サスペンダーを仮どめ

ギャザーを確認

交差位置を確認

印をつける

裏側に面ファスナーをつける（柔らかい面）

（硬い面）

印に合わせて面ファスナーをつける（硬い面）

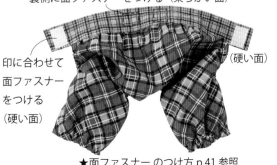

★面ファスナーのつけ方 p.41 参照

43

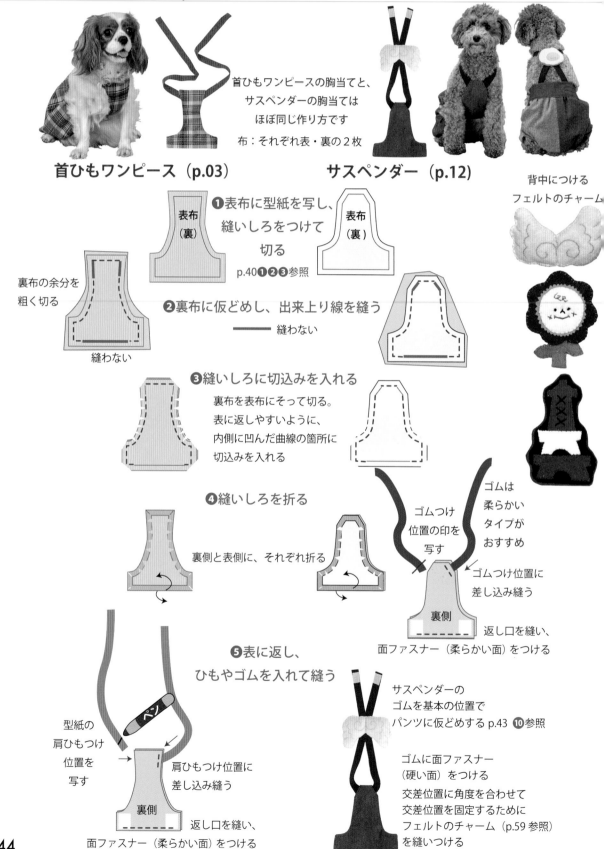

type A ワンピースの胸当てとサスペンダーを作る

首ひもワンピース（p.03）

サスペンダー（p.12）

首ひもワンピースの胸当てと、サスペンダーの胸当てはほぼ同じ作り方です

布：それぞれ表・裏の2枚

背中につけるフェルトのチャーム

❶表布に型紙を写し、縫いしろをつけて切る

p.40❶❷❸参照

表布（裏）

表布（裏）

裏布の余分を粗く切る

❷裏布に仮どめし、出来上り線を縫う

―― 縫わない

縫わない

❸縫いしろに切込みを入れる

裏布を表布にそって切る。表に返しやすいように、内側に凹んだ曲線の箇所に切込みを入れる

❹縫いしろを折る

裏側と表側に、それぞれ折る

ゴムつけ位置の印を写す

ゴムは柔らかいタイプがおすすめ

ゴムつけ位置に差し込み縫う

裏側

返し口を縫い、面ファスナー（柔らかい面）をつける

❺表に返し、ひもやゴムを入れて縫う

型紙の肩ひもつけ位置を写す

肩ひもつけ位置に差し込み縫う

裏側

返し口を縫い、面ファスナー（柔らかい面）をつける

サスペンダーのゴムを基本の位置でパンツに仮どめする p.43 ❿参照

ゴムに面ファスナー（硬い面）をつける
交差位置に角度を合わせて交差位置を固定するためにフェルトのチャーム（p.59 参照）を縫いつける

44

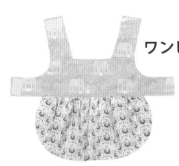

type B の服を作る（p.04-05）

ワンピースとロンパース（パンツタイプ）

布：ボディとスカートやパンツ
それぞれ表・裏2枚。
ボディは同じ作り方です。
パンツの作り方は、p.42-43 を
スカートの作り方は、p.40-41 を
参照してください

❶表布に型紙を写し、縫いしろをつけて切る

p.40
❶❷❸参照

ボディ
表布（裏）
1 cm
ボトムのつけ位置の印をつけておく

❷裏布にとめ、出来上り線を縫う

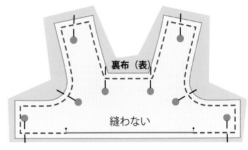

裏布（表）
縫わない

❸裏布を表布にそって切る

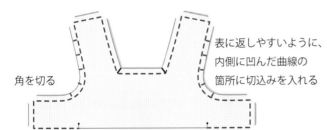

角を切る

表に返しやすいように、
内側に凹んだ曲線の
箇所に切込みを入れる

❹縫いしろを折る

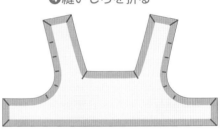

❺表に返す

❻スカートをつける
スカートの作り方
1〜13（p.40-41）を
参照してスカートを作り、
ボディにつける

硬いほう
柔らかい
ほう
硬いほう
硬いほう
柔らかい
ほう

❻パンツをつける
パンツの作り方
❶〜❾（p.42-43）を
参照してパンツを作り、
ボディにつける

❼面ファスナーをつける
★面ファスナー のつけ方 p.41 参照

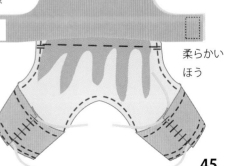

硬いほう
柔らかい
ほう
硬いほう
柔らかい
ほう

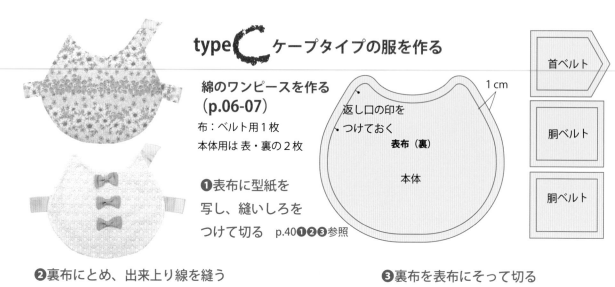

type C ケープタイプの服を作る

綿のワンピースを作る（p.06-07）

布：ベルト用1枚
本体用は 表・裏の2枚

❶表布に型紙を写し、縫いしろをつけて切る　p.40❶❷❸参照

返し口の印をつけておく

表布（裏）

本体

1cm

首ベルト

胴ベルト

胴ベルト

❷裏布にとめ、出来上り線を縫う

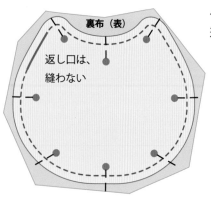

裏布（表）

返し口は、縫わない

ベルトは半分に折る。
返し口は縫わない

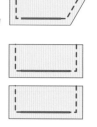

❸裏布を表布にそって切る

表に返しやすいように、内側に凹んだ曲線の箇所に切込みを入れる

角を切る

❹縫いしろを折る

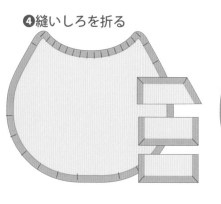

❺表に返す

返し口をかがる

❻ベルトを型紙に重ね、つけ位置を写す

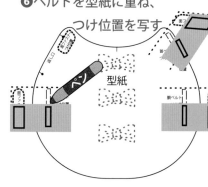

型紙

❼型紙を切り抜く

切込みを入れる

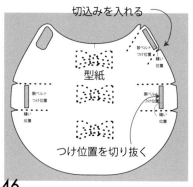

型紙

胴ベルト
つけ位置

つけ位置を切り抜く

❽型紙を乗せ、印をつける

本体裏側に型紙を裏返して乗せる

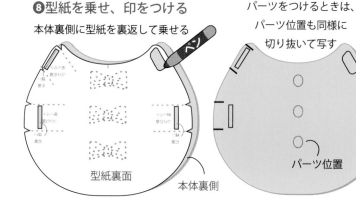

型紙裏面

本体裏側

パーツをつけるときは、パーツ位置も同様に切り抜いて写す

パーツ位置

❾本体の裏側にベルトをつける

面ファスナーをつけ返し口をふさぐ

まち針でつけ位置を合わせて重ね、縫う

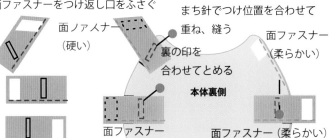

面ファスナー（硬い）

面ファスナー（柔らかい）

裏の印を合わせてとめる

本体裏側

面ファスナー（硬い）

面ファスナー（柔らかい）

ベルトつけ位置を移動することで、首・胴回りのサイズ修正が出来るので、つけ位置に仮どめして試着してから縫いとめることをおすすめします

起毛地のコートを作る（p.34）

布：ベルト用、本体用それぞれ、表・裏の2枚

キルト芯を入れてふっくらさせたコートです。
作り方は左ページ（p.46）とほとんど同じ。
参照しながら作ってください

❶表布に型紙を写し、縫いしろをつけて切る p.46❶参照

❷出来上り線を縫う

型紙を当て、裏布とキルト芯を大きめに大まかに切る。図の順に重ねる

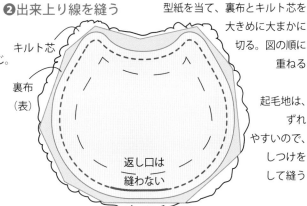

キルト芯

裏布（表）

返し口は縫わない

起毛地は、ずれやすいので、しつけをして縫う

❸裏布とキルト芯を表布にそって切る

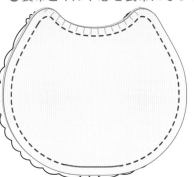

表に返しやすいように、内側に凹んだ曲線の箇所に切込みを入れる

しつけ糸を外す

❹ベルトを作る

首・胴ベルトは、表・裏2枚の布を合わせて作ります

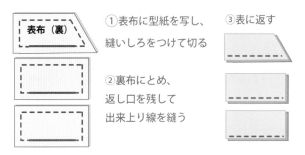

表布（裏）

①表布に型紙を写し、縫いしろをつけて切る

②裏布にとめ、返し口を残して出来上り線を縫う

③表に返す

❺型紙に重ね、つけ位置を写す。
型紙を乗せ、印をつける。
本体の裏側にベルトをつける p.46❻〜❾参照

❻リボンとハーネス穴をつける

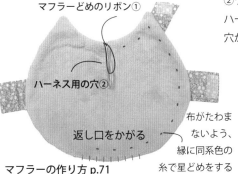

マフラーどめのリボン①

ハーネス用の穴②

返し口をかがる

布がたわまないよう、縁に同系色の糸で星どめをする

マフラーの作り方 p.71

①リボンをたたんで首もとにつける

②ワンコにハーネスを着せ、ハーネスの金具位置に印をつける。穴が中央になるよう調整する

印をつける

ペン

③裏布がずれないように粗くしつけする。表布、裏布の先をそれぞれ内側に折る

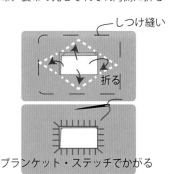

しつけ縫い

折る

ブランケット・ステッチでかがる

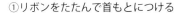

衿つきのボディ（p.14）

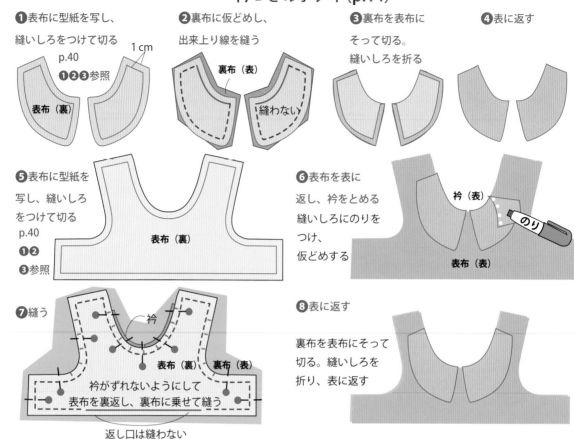

①表布に型紙を写し、
縫いしろをつけて切る
p.40
①②③参照
1cm
表布（裏）

②裏布に仮どめし、
出来上り線を縫う
裏布（表）
縫わない

③裏布を表布に
そって切る。
縫いしろを折る

④表に返す

⑤表布に型紙を
写し、縫いしろ
をつけて切る
p.40
①②
③参照
表布（裏）

⑥表布を表に
返し、衿をとめる
縫いしろにのりを
つけ、
仮どめする
衿（表）
のり
表布（表）

⑦縫う
衿
表布（裏）　裏布（表）
衿がずれないようにして
表布を裏返し、裏布に乗せて縫う
返し口は縫わない

⑧表に返す

裏布を表布にそって
切る。縫いしろを
折り、表に返す

セットアップの服（p.14）
面ファスナーのつけ方と追加ベルトの作り方

type B ワンピース
面ファスナー 位置は p.52 参照

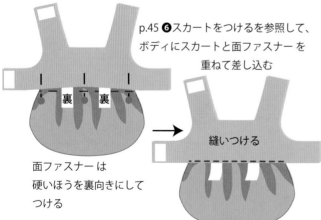
裏　裏

面ファスナー は
硬いほうを裏向きにして
つける

p.45 ⑥スカートをつけるを参照して、
ボディにスカートと面ファスナーを
重ねて差し込む

縫いつける

試着してパンツ位置が合っているか確認。
低すぎる場合は、面ファスナーを
移動して調節してください

type C ワンピース
面ファスナー 位置は p.53 参照

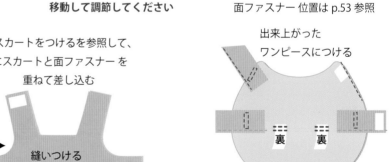
出来上がった
ワンピースにつける
裏　裏

面ファスナーを型紙の位置に硬いほうを
裏向きにしてつける。上部のみ縫う

追加ベルトを作る　布は表・裏の2枚

①表布に型紙を写して切る
p.40①②③参照
表布（裏）
縫いしろ　　1cm

②2枚合わせで縫う

角を切る

返し口は縫わない

③表に返す

④返し口をとじる

面ファスナー
をつける
柔らかいほう

出来上がった服の調節

服がワンコにフィットしていることが大切。
ワンコは太ったり痩せたりするので、着せるたびにチェックして
サイズ調節はこんな方法で

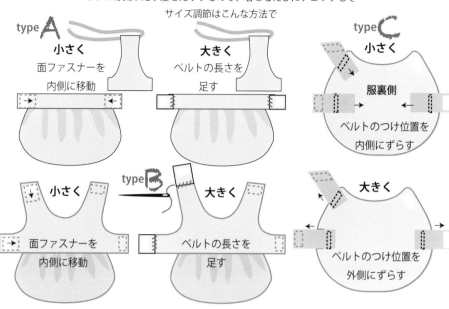

type**A**

小さく
面ファスナーを
内側に移動

大きく
ベルトの長さを
足す

type**C**

小さく
服裏側
ベルトのつけ位置を
内側にずらす

type**B**

小さく
面ファスナーを
内側に移動

大きく
ベルトの長さを
足す

大きく
ベルトのつけ位置を
外側にずらす

型紙と
それぞれの
作り方

材料について・・・50

型紙の見方
サイズ調整・・・・52

いろいろな縫い方・51

それぞれの
作り方・・・・・56

ワンコに
着せるときは・・・78

獣医さんに
聞きました・・・・79

スカート丈

おしっこでぬれたり、床にずったり
したら

裾を縫い
絞る

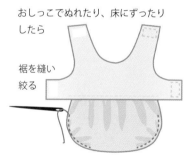

サスペンダーの背中の交差位置

サスペンダーの肩ひもが
落ちやすいときは、
背中の交差位置を
調節してみてください。
ゴムがきついとワンコの
ストレスになるので、
強く締めることはしないで
ください

ブルーマーやパンツの調節

裾を短くする

裾のゴムをゆるめて
裾をロールアップ

ブルーマーやパンツのゴムの調節

ひざが出そうな
場合は、
少しゴムを
引き締める

パンツの尻ぐりが窮屈な場合は、ゴムを入れ替えて
ゆるめにする。ワンコにはかせて、調節してください

パンツが尻尾に触れるのが嫌なワンコには

①尻ぐりのゴムを
入れ替えてゆるくする。
お尻をつまんで縫う

②縫いとめた
ところに
リボンをつけると
カワイイです

材料について

この本では、ワンコに合わせて型紙を拡大するため、使用する布の寸法や付属等の材料のサイズは、表示していません。
ワンコサイズに拡大した型紙（人の服ほど大きなものではないので）を持ってお店に行き、選んでください。
端切れで充分な場合もあります。パーツは、型紙に当てて、近いサイズのものを選んでください。

用具と、あると便利なもの

印つけペン

裁縫用のインクが消せるペン

方眼定規
縫い代をつけるときに便利

仮どめ用ののり
裁縫用の仮どめのり

フェルト用の接着剤

アイロン両面接着シート
アップリケのときに図案を
写して貼れるので便利です

キルト芯
キルトに使う薄い
シート状のわた

熱転写ペンシル
トレースした図案を
アイロンで転写します

アイロン両面接着テープ
1枚仕立ての服を作る際、
縫いしろにつけます。剝離紙つき

ニット用のアイロン片面接着テープ
（伸びるタイプ）セーターのほつれどめに使います

裁縫用のクリップ

試着するとき、ベルト等を仮どめ
するのに便利です。
噛んでしまうワンコには
向きません

パンツやブルーマーの細いゴムとゴム通し
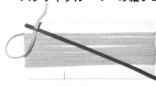
ゴムは4コールの柔らかい
タイプを使います。
ゴム通しは、曲面でも
使えるものがおすすめです

サスペンダー用の幅広のゴム

柔らかいタイプ
を使います。幅は、
ワンコに合わせて
選んでください

**セーターを
リメイク
p.32-33**

ほつれどめに、ニット用のアイロン片面接着テープ（伸びるタイプ　幅2cm）を使います。
商品に掲載の説明書を見てつけてください

ワンピースとオーバーオール

①型紙を写す

②テープを貼る

● ワンピースは、p.04と同じ作りです。
作り方 p.40-41・45 参照
型紙：ボディ p.52・スカート p.74
● オーバーオールは、p.19と同じ作り
です。
作り方：p.60 参照
型紙：付録型紙 B 面

超カンタンセーター

セーターの袖を切り、ワンコの頭が楽に入れられるものを使う。
大体のサイズで作ってみてください。合わなかったら、
もう片方の袖や余った裾でチャレンジ

着丈
切る
セーター（裏）
テープを貼る

前足の位置に
穴をあける

背中
セーター（表）
足
お腹
首

切り口に余り毛糸でブランケット・ステッチする

刺しゅう入りセーター

セーターの裾を上にして切る

着丈
顎から
前足
まで
胴回り
テープを貼る
セーター（裏）

切り口に余り毛糸でブランケット・ステッチする

フレンチノット・
ステッチ

ステッチ
してから
毛糸で
かがる

ブラン
ケット・
ステッチ

バック・ステッチ

   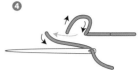

星どめ
この本では、コートやちゃんちゃんこなどフリースや起毛した表・裏の布がたわまないように使います。
表・裏に点のように縫い目を出し、縫い合わせの内側に糸を渡します

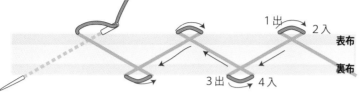
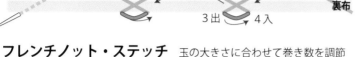

ストレート・ステッチ

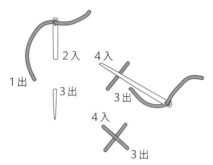

フレンチノット・ステッチ
玉の大きさに合わせて巻き数を調節

❶ 1から針を出し、数回糸を巻く

❷ 1のそばに針を刺す

❸ 糸を引きながら針を裏に出す

ブランケット・ステッチ

刺し始め
玉結びし、重ねた布の内側から針を出す

隣に針を入れ、反対側へ出す。糸をかける。これを繰り返し刺し進める

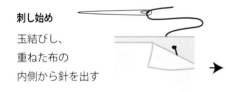

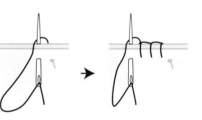

終わり
刺し始めの糸に針をかける

手前の布に針を刺し、布の間に出す

糸を結ぶ

布の間に針を刺し、少し離れたところで表に出す。表に出た糸を切る

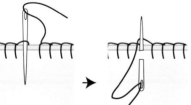 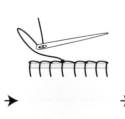 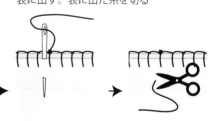

まつり縫い
布の切り口がほつれないように縫う。
2枚仕立てのものは、裏布のみをすくい表側に針を出さないようにするときれい

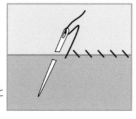

かがり縫い
2枚の布端を小さくすくって縫い合わせる

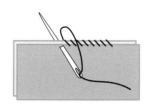

51

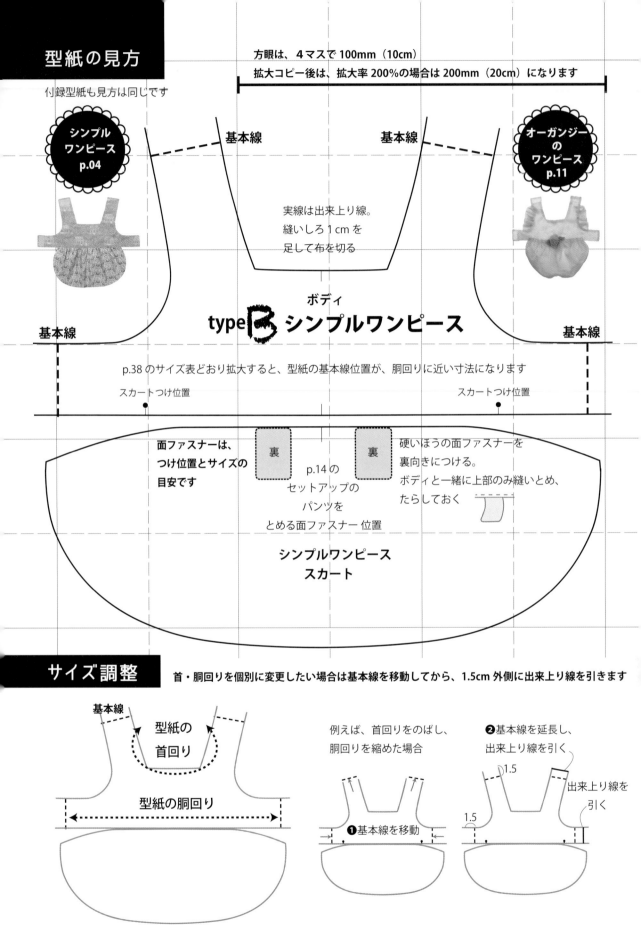

付録型紙も見方は同じです

方眼は、4マスで100mm（10cm）

拡大コピー後は、拡大率200%の場合は200mm（20cm）になります

シンプル
ワンピース
p.04

基本線

基本線

実線は出来上り線。
縫いしろ1cmを
足して布を切る

オーガンジー
の
ワンピース
p.11

基本線

基本線

type B ボディ シンプルワンピース

p.38のサイズ表どおり拡大すると、型紙の基本線位置が、胴回りに近い寸法になります

スカートつけ位置

スカートつけ位置

面ファスナーは、
つけ位置とサイズの
目安です

裏

裏

p.14の
セットアップの
パンツを
とめる面ファスナー位置

硬いほうの面ファスナーを
裏向きにつける。
ボディと一緒に上部のみ縫いとめ、
たらしておく

シンプルワンピース
スカート

サイズ調整

首・胴回りを個別に変更したい場合は基本線を移動してから、1.5cm外側に出来上り線を引きます

基本線

型紙の
首回り

型紙の胴回り

例えば、首回りをのばし、
胴回りを縮めた場合

❶基本線を移動

❷基本線を延長し、
出来上り線を引く

1.5

出来上り線を
引く

1.5

type C ケープワンピース

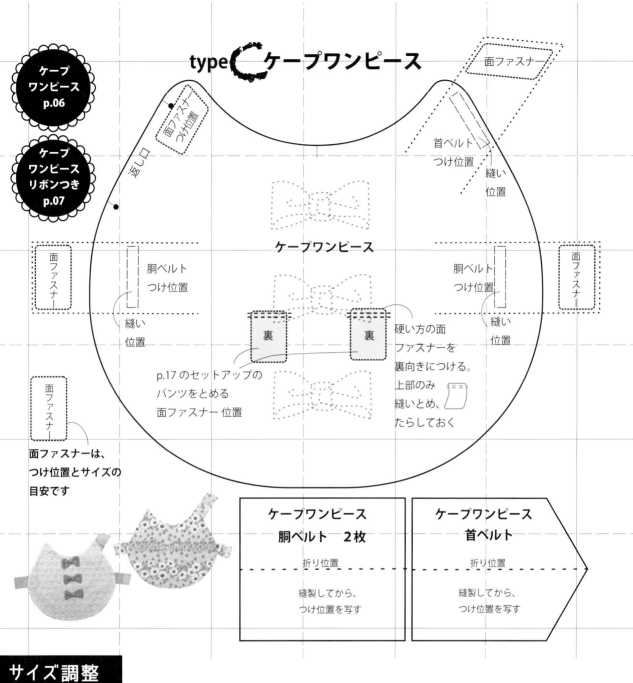

ケープワンピース
p.06

ケープ
ワンピース
リボンつき
p.07

面ファスナー

返し口

面ファスナー
つけ位置

首ベルト
つけ位置

縫い
位置

面ファスナー

胴ベルト
つけ位置

縫い
位置

ケープワンピース

胴ベルト
つけ位置

縫い
位置

面ファスナー

裏　　裏

硬い方の面
ファスナーを
裏向きにつける。
上部のみ
縫いとめ、
たらしておく

p.17のセットアップの
パンツをとめる
面ファスナー位置

面ファスナー

**面ファスナーは、
つけ位置とサイズの
目安です**

ケープワンピース 胴ベルト　2枚	ケープワンピース 首ベルト
折り位置	折り位置
縫製してから、 つけ位置を写す	縫製してから、 つけ位置を写す

サイズ調整

ケープワンピース、
マフラーつきコート、
フードつきコート、
パンツのセットアップの場合
型紙の基本線はありません

首・胴ベルトを長めに作り、
ボディ縫製後に
縫い位置に仮どめして
ワンコに着せてみる。
ベルトの長さは、
つけ位置で調節する

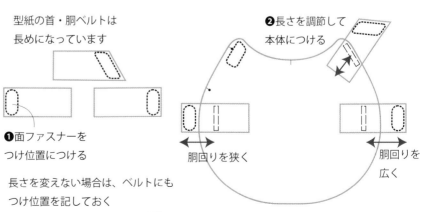

型紙の首・胴ベルトは
長めになっています

❶面ファスナーを
つけ位置につける

長さを変えない場合は、ベルトにも
つけ位置を記しておく

本体つけ位置

❷長さを調節して
本体につける

胴回りを狭く

胴回りを
広く

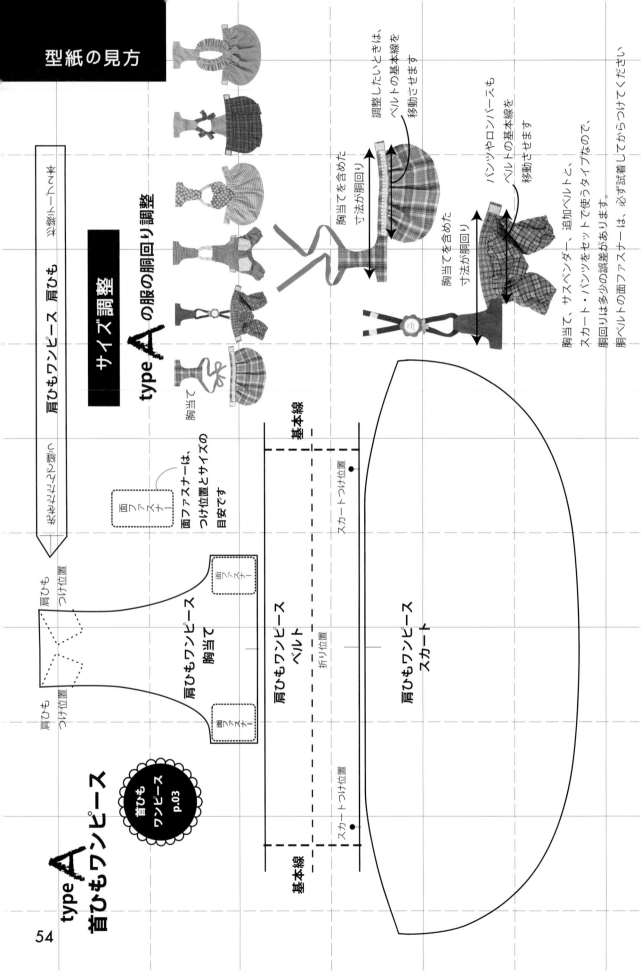

サイズ調整

type A の服の胴回り調整

調整したいときは、ベルトの基本線を移動にせます

パンツやロンパースもベルトの基本線を移動させます

胸当てを合わせた寸法が胴回り

胸当てを合わせた寸法が胴回り

胸当て、サスペンダー、追加ベルトと、スカート・パンツをセットで使うタイプなので、胴回りは多少の誤差があります。胴ベルトの面ファスナーは、必ず試着してからつけてください。

胸当て

採寸はここから

肩ひも 肩ひも つけ位置 実際はこの状態

肩ひもワンピース 肩ひも

面ファスナーは、つけ位置とサイズの目安です

面ファスナー

基本線

スカートつけ位置

肩ひも つけ位置

肩ひも つけ位置

面ファスナー

面ファスナー

肩ひもワンピース 胸当て

肩ひもワンピース ベルト

折り位置

肩ひもワンピース スカート

スカートつけ位置

基本線

type A 首ひもワンピース

首ひも ワンピース p.03

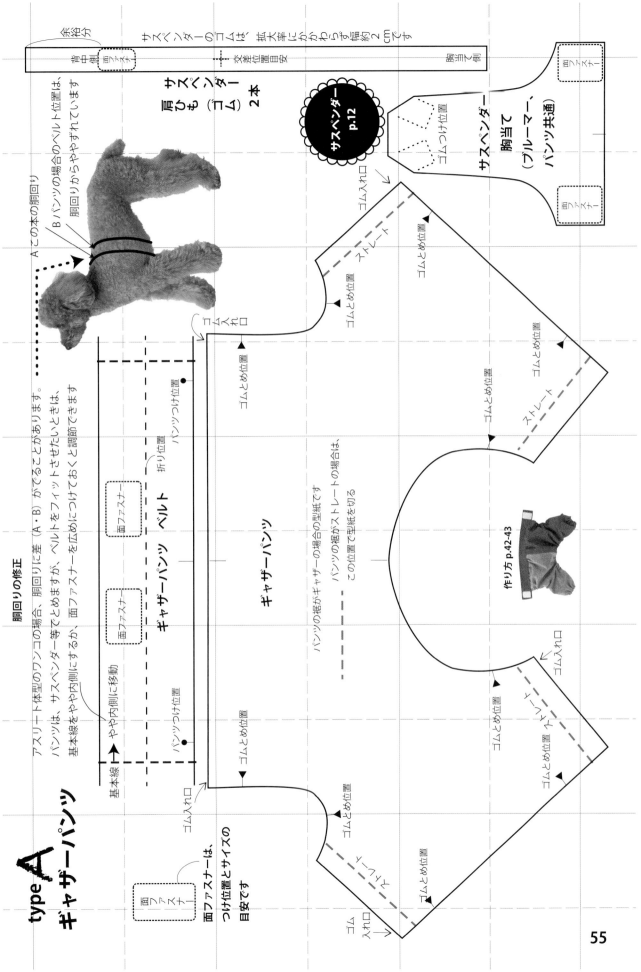

type **A**
ギャザーパンツ

胴回りの修正

アスリート体型のワンコの場合、胴回りに差（A・B）がでることがあります。

パンツは、サスペンダー等でとめますが、ベルトをフィットさせたいときは、基本線をやや内側にするか、面ファスナーを広めにつけておくと調節できます

A この本の胴回り
B パンツの場合の胴回り

胴回りからやらやすれています

サスペンダーのゴムは、拡大率にかかわらず幅約2cmです

余裕分
背中側／面ファスナー／交差位置目安／胸当て側

サスペンダー
肩ひもゴム（ゴム）2本

サスペンダー p.12

サスペンダー
胸当て（ブルマー、パンツ共通）

ゴムつけ位置
ゴム入れ口

基本線　やや内側に移動

ギャザーパンツ ベルト
面ファスナー
面ファスナー
パンツつけ位置　折り位置
パンツつけ位置

ギャザーパンツ

パンツの裾がギャザーの場合の型紙です
パンツの裾がストレートの場合は、この位置で型紙を切る

作り方 p.42-43

ゴム入れ口
ゴムとめ位置
ストレート

面ファスナーは、つけ位置とサイズの目安です
面ファスナー

55

それぞれの作り方

type A　ブルーマーと甚平さんのパンツ

ブルーマー p.14〜17

ブルーマーのセットアップ p.14

型紙：付録型紙 B 面

❶表布に型紙を写し、縫いしろを1cmつけて切る

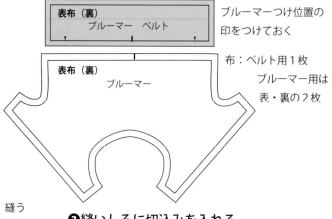

ブルーマーつけ位置の印をつけておく

布：ベルト用1枚
ブルーマー用は
表・裏の2枚

❷裏布にとめ、出来上り線を縫う

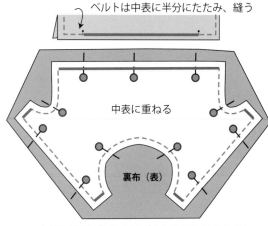

ベルトは中表に半分にたたみ、縫う

中表に重ねる

裏布（表）

―― 太線の箇所（返し口やゴム入れ口）は縫わない

❸縫いしろに切込みを入れる

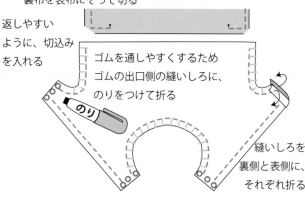

裏布を表布にそって切る

返しやすいように、切込みを入れる

ゴムを通しやすくするため
ゴムの出口側の縫いしろに、
のりをつけて折る

のり

縫いしろを
裏側と表側に、
それぞれ折る

❹縫いしろを折る

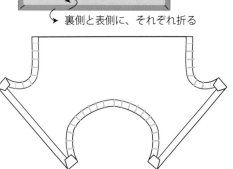

縫いしろを折り、アイロンをかける

裏側と表側に、それぞれ折る

❺表に返し、型紙を乗せてゴムとめ位置を写す。ステッチを入れる

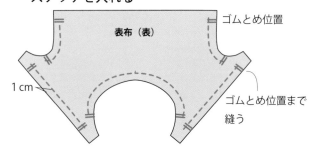

ゴムとめ位置

表布（表）

1 cm

ゴムとめ位置まで縫う

❻ゴムを通す　ゴムの端は長めに残す

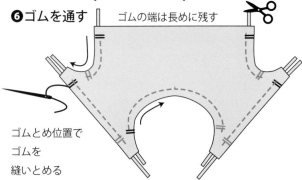

ゴムとめ位置で
ゴムを
縫いとめる

❼裾を重ね、表裏両側からかがる

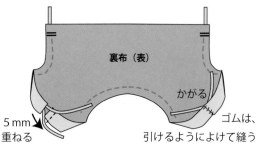

裏布（表）

かがる

5 mm
重ねる

ゴムは、
引けるようによけて縫う

❽この後の工程は、ズボンの丈が違いますが、
パンツと同じ工程です。
「typeA パンツを作る」p.43❾～⓫
を参照して作ってください

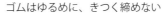

ゴムはゆるめに、きつく締めない

セットアップの
ブルーマーは、
レースをつける

飾りのリボンをつける

**涼しそうな
甚平さんの
パンツ p.23**

このパンツは、サスペンダーや追加ベルトを使わず、お腹でベルトの両側の
面ファスナー でとめます。パンツが落ちないように、甚平さん本体の背とパンツの
背の面ファスナー をとめます

型紙：付録型紙 B 面

作り方は、ベルトの長さ以外は「typeA パンツを作る」と同じです。
p.42-43 を参照して作ってください

❽パンツのウエストにギャザーを寄せる

パンツの縫いしろを印を合わせてベルトに差し込む

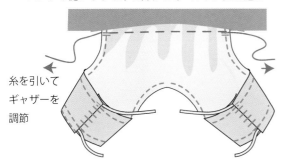

糸を引いて
ギャザーを
調節

⓫試着して、ゴムを切り、面ファスナー をつける

本体をとめるための面ファスナー（硬い面）

面ファスナー（硬い面）　　　面ファスナー（柔らかい面）

表側

---

❶表布に型紙を写し、縫いしろを 1 cm つけて切る

フリル　裏

本体　裏

**チェリーの
ボンネット
p.10**

**オーガンジー
の
ボンネット
p.11**

❷本体を中表に折って縫う

折る

縫わない

❸フリルを作る

折る

表

粗く縫う

ギャザーを寄せる

❹本体を表に返す

裏側

フリルを差し込んで縫う

首にとめる
リボンを
つける

❺飾りのリボンをつける

粗く縫う
つまんで手前に
倒し縫う

幅や素材は、お好きなものを

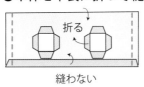
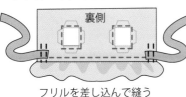

❻糸をきつく引いて
結ぶ

リボンは、
前に回して
背中で結ぶ

フリルつき
肩ひもの
ワンピース
p.31

type A の応用ドレスとパンツ

胸当て、基本のスカート、パンツ、胸当ては、
基本の作り方 p.40~45 で紹介しています。参照してください

布：ベルト用1枚／スカート用は 表・裏の2枚／ストラップ、フリル用はそれぞれ左・右各1枚

❶ストラップを作る

①表布に型紙を写し、
縫いしろをつけて切る

表布（裏）　各2枚

ストラップ　フリル

②それぞれをたたむ

ストラップ

縫いしろ　半分に　型紙に当て
を折る　たたむ　印を写す

表

型紙

フリル

半分にたたみ、粗く縫い
ギャザーを寄せる

表

③フリルを挟む

フリルつけ位置の幅に
ギャザーを合わせ
ストラップで挟む

縫う

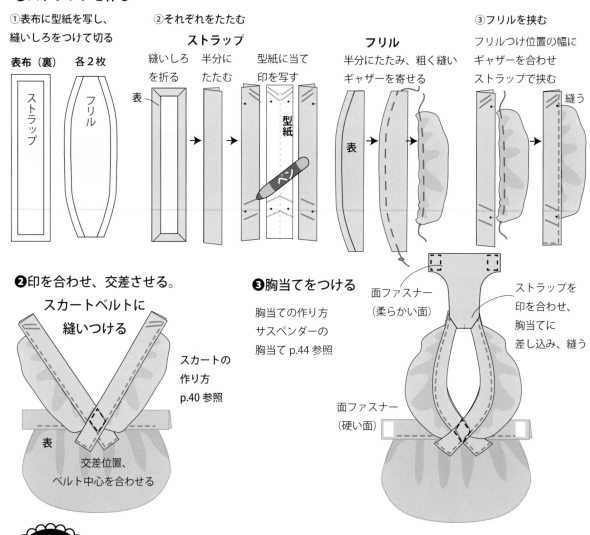

❷印を合わせ、交差させる。

スカートベルトに
縫いつける

表

交差位置、
ベルト中心を合わせる

スカートの
作り方
p.40 参照

❸胸当てをつける

胸当ての作り方
サスペンダーの
胸当て p.44 参照

面ファスナー
（柔らかい面）

ストラップを
印を合わせ、
胸当てに
差し込み、縫う

面ファスナー
（硬い面）

ハートの
ワンピース
p.24

ハートの
ロンパース
p.25

❶ストラップを作る　ゴム入りか、ゴムなしかを選んでください

①表布に型紙を写し、上下に
縫いしろをつけて切る

1cm

表布（裏）

②半分に折り、縫う

③表に返し、型紙の
つけ位置の印を写す

④ゴム入りの場合は、
ゴムを入れ、片側の印の手前で
ゴムを縫いとめる

⑤ギャザー分を半分に
引いてもう片方を縫いとめる

ゴムを切る

服に仮どめ

❷ハートの背当てを作る

①表布に型紙を写し、縫いしろ1cmをつけて切る

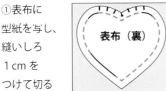

②裏布を中表に合わせて返し口とストラップ位置を残して縫う。
裏布の余分を切り、切込みを入れて表に返す

❸胸当てを作る

サスペンダーの胸当てを p.44 参照して作る

❹組み合わせる

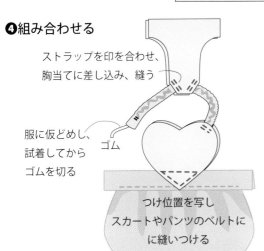

ストラップを印を合わせ、胸当てに差し込み、縫う

服に仮どめし、試着してからゴムを切る

ゴム

つけ位置を写し
スカートやパンツのベルトにに縫いつける

❺面ファスナー をつける

面ファスナー（柔らかい面）

面ファスナー（硬い面）

サスペンダーのチャーム p.12〜16

❶熱転写ペンシルを使って図案を写す。 商品に掲載の説明書を見てつけてください

トレーシングペーパーに写す。フェルトが重なった柄は、パーツごとに写す

全体の輪郭

裏布

❷フェルトに転写する

❸刺しゅうする

❹パーツを重ねる

のり

❺ブランケット・ステッチ

裏布に重ねて縫う

❻わたを入れる

裏側

切込みを入れ少量のわたを詰める

❼サスペンダーに縫いつける

わた入れ口をふさぐ

しっかり縫いつける

パーツ分け

裏布

表の土台布

表の土台布

裏布

裏布

裏布

表の土台布

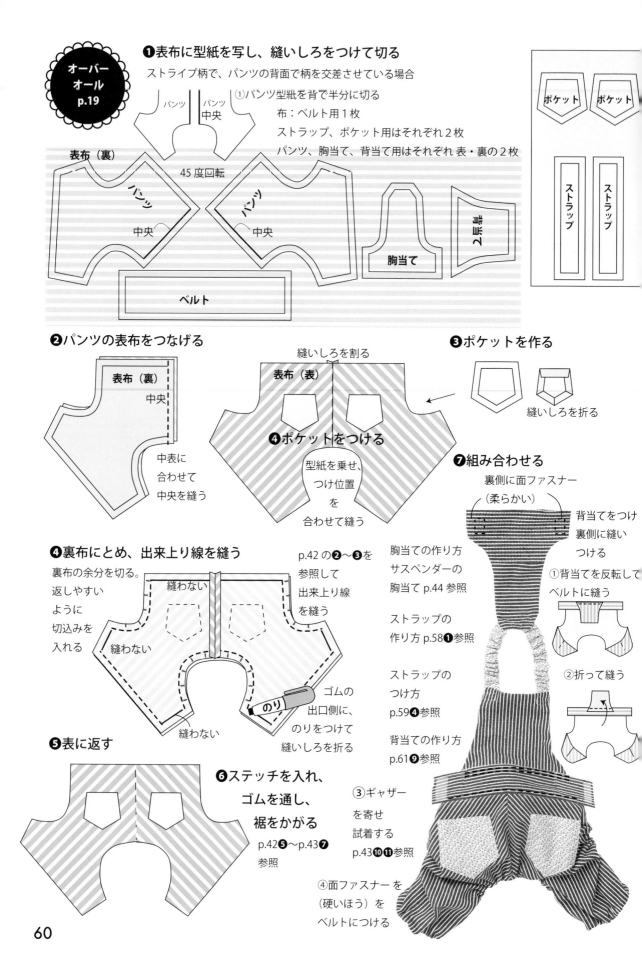

オーバーオール p.19

❶表布に型紙を写し、縫いしろをつけて切る

ストライプ柄で、パンツの背面で柄を交差させている場合

①パンツ型紙を背で半分に切る

布：ベルト用1枚

ストラップ、ポケット用はそれぞれ2枚

パンツ、胸当て、背当て用はそれぞれ 表・裏の2枚

パンツ　パンツ中央

表布（裏）

45度回転

パンツ　中央

パンツ　中央

ポケット　ポケット

ストラップ　ストラップ

胸当て

背当て

ベルト

❷パンツの表布をつなげる

表布（裏）　中央

中表に合わせて中央を縫う

縫いしろを割る

表布（表）

❸ポケットを作る

縫いしろを折る

❹ポケットをつける

型紙を乗せ、つけ位置を合わせて縫う

❹裏布にとめ、出来上り線を縫う

裏布の余分を切る。返しやすいように切込みを入れる

縫わない

縫わない

縫わない

のり

p.42の❷〜❸を参照して出来上り線を縫う

ゴムの出口側に、のりをつけて縫いしろを折る

❺表に返す

❻ステッチを入れ、ゴムを通し、裾をかがる

p.42❺〜p.43❼参照

❼組み合わせる

裏側に面ファスナー（柔らかい）

背当てをつけ裏側に縫いつける

①背当てを反転してベルトに縫う

②折って縫う

胸当ての作り方サスペンダーの胸当て p.44 参照

ストラップの作り方 p.58❶参照

ストラップのつけ方 p.59❹参照

背当ての作り方 p.61❾参照

③ギャザーを寄せ試着する p.43❿⓫参照

④面ファスナーを（硬いほう）をベルトにつける

60

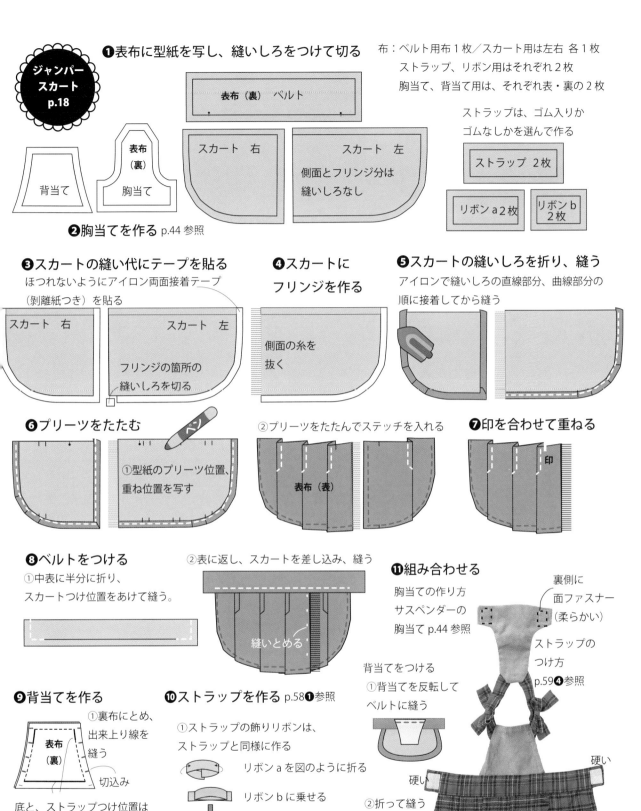

ジャンパースカート p.18

❶**表布に型紙を写し、縫いしろをつけて切る**

布：ベルト用布1枚／スカート用は左右 各1枚
　　ストラップ、リボン用はそれぞれ2枚
　　胸当て、背当て用は、それぞれ表・裏の2枚

ストラップは、ゴム入りか
ゴムなしかを選んで作る

表布（裏）ベルト

背当て

表布（裏）胸当て

スカート　右

スカート　左
側面とフリンジ分は
縫いしろなし

ストラップ　2枚

リボンa2枚

リボンb
2枚

❷**胸当てを作る** p.44 参照

❸**スカートの縫い代にテープを貼る**
ほつれないようにアイロン両面接着テープ
（剝離紙つき）を貼る

スカート　右

スカート　左
フリンジの箇所の
縫いしろを切る

❹**スカートに
フリンジを作る**
側面の糸を
抜く

❺**スカートの縫いしろを折り、縫う**
アイロンで縫いしろの直線部分、曲線部分の
順に接着してから縫う

❻**プリーツをたたむ**
①型紙のプリーツ位置、
重ね位置を写す

②プリーツをたたんでステッチを入れる
表布（表）

❼**印を合わせて重ねる**
印

❽**ベルトをつける**
①中表に半分に折り、
スカートつけ位置をあけて縫う。

②表に返し、スカートを差し込み、縫う
縫いとめる

❾**背当てを作る**
①裏布にとめ、
出来上り線を
縫う
表布（裏）
切込み
底と、ストラップつけ位置は
縫わない
②表に返す

❿**ストラップを作る** p.58❶参照
①ストラップの飾りリボンは、
ストラップと同様に作る
リボンaを図のように折る
リボンbに乗せる
グログランリボンを
巻いて絞り縫う
ストラップの中央に縫いつける

⓫**組み合わせる**
胸当ての作り方
サスペンダーの
胸当て p.44 参照

裏側に
面ファスナー
（柔らかい）

ストラップの
つけ方
p.59❹参照

背当てをつける
①背当てを反転して
ベルトに縫う

②折って縫う

硬い
硬い

面ファスナーをつける

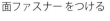

ベースになるワンピースの基本（丸首）

角形の場合も作り方は同じです。
p.45・48 も参考にしてください

❶表布に型紙を写し、縫いしろをつけて切る

布：ボディ、スカート用はそれぞれ 表・裏の2枚

p.40
❶❷❸参照

1 cm

表布（裏）
ボディ

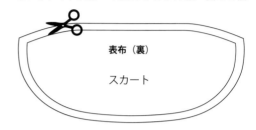

表布（裏）
スカート

❷裏布にとめ、出来上り線を縫う

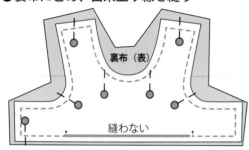

裏布（表）

縫わない

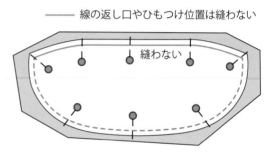

------ 線の返し口やひもつけ位置は縫わない

縫わない

❸裏布を表布にそって切る

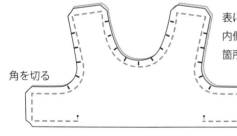

角を切る

表に返しやすいように、
内側に凹んだ曲線の
箇所に切込みを入れる

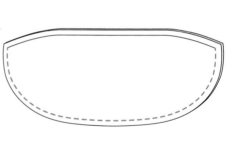

❹縫いしろを折る

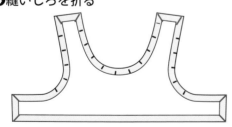

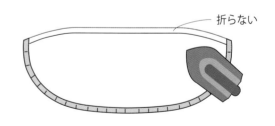

折らない

❺表に返す

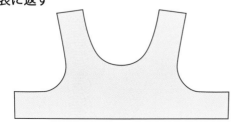

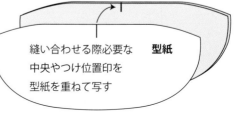

縫い合わせる際必要な
中央やつけ位置印を
型紙を重ねて写す

型紙

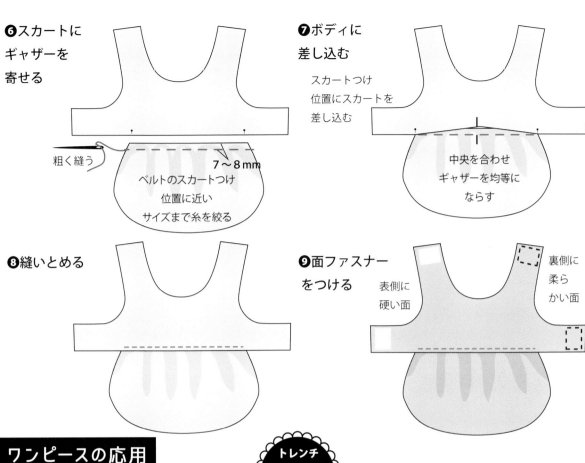

❻スカートに ギャザーを 寄せる

粗く縫う

7〜8mm

ベルトのスカートつけ
位置に近い
サイズまで糸を絞る

❼ボディに 差し込む

スカートつけ
位置にスカートを
差し込む

中央を合わせ
ギャザーを均等に
ならす

❽縫いとめる

❾面ファスナー をつける

表側に
硬い面

裏側に
柔ら
かい面

ワンピースの応用

（トレンチ コート風 ワンピース p.30）

a の作り方

❶パーツを作る

①飾りベルト、ベルト通し、ポケット、衿を
縫いしろをつけて切る

1cm

パーツ布（裏）

②縫いしろをたたむ　パーツ布（表）

衿は上部を
折らない

③アイロン両面接着シートに型紙を写し、
フェルトパーツを切り抜く p.68 参照　バックルとボタン

❷パーツをつける

①衿は、ボディ布を
縫う際に挟み込む。
表に返してから
縫いつける
p.48❼❽❾参照
ポケットは、裏布を
つける前に縫う

②出来上がったワンピースの
ボディにそってベルトを縫いつけ、
ベルト通しを縫う

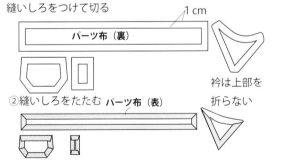

③フェルトパーツを
アイロンでつけ、縫う

b の作り方

❶パーツを作る

①グログランリボンを型紙に乗せ、
ベルト分は両側に 1cm ずつ縫いしろをつけて切る

リボンは、型紙にテープを乗せ、図のようにたたむ

交差させて切る　中央は二つ折りにして巻く

②アイロン両面接着シートに型紙を写し、
フェルトパーツを
切り抜く p.68 参照　ポケットと衿

❷パーツをつける

①裏布をつける前に
フェルトパーツを
アイロンでつけ、縫う

②ベルトとリボンを
縫いつける

63

オーガンジーのワンピース p.11

❶基本の型紙でワンピースを作る

❷袖のフリルを作る

①縫いしろ1cmをつけて布を切り半分にたたむ。粗く縫う

②袖に当てて長さを合わせ、糸をとめる

❸バラを作る

葉
2枚作る

①図のようにたたむ　②縫い絞る

花

①布を半分にたたむ。両端が弧を描くように縫う

②軽くギャザーを寄せてとめる。余分を切る

❹ボディにフリルを縫いつける。裾にギャザーを寄せる

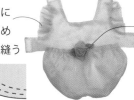
裏側に仮どめして縫う

バラを縫いつける

1cm

裾に粗くステッチを入れ、いっぺんに引いてギャザーを寄せる

③裾を巻きながら縫い束ねる

④葉を縫いとめて本体にしっかり縫いつける

チェリーのワンピース p.10

❶基本の型紙でワンピースを作る　　**❷チロリアンテープをつける**

❸チェリーのチャームを作る

①縫いしろ1cmをつけて布を切る

葉

②裏布を中表に合わせて縫う

③裏布に切込みを入れ、表に返す

④中央を縫う

実

②出来上り線を粗く縫う

③わたをおき、糸を絞りながら縫いしろを内側にしまう

④先を結んだひもを差し込んで、糸を絞り縫いとめる

❹チャームを本体に縫いつける

①ひもの先を結ぶ

②葉、実、茎を本体にしっかり縫いつける

ブルーマーのセットアップの上着 p.14

❶ボディは、p.48「衿つきのボディを作る」を参照して作る

❷スカートはp.62-63を参照して作り、ボディにつける

スカートサイズが短いですが、作り方は同じです

セットアップ（p.14）で使う場合は、裏側に面ファスナーをつける

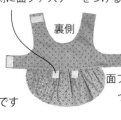
裏側

p.48
面ファスナーをつける参照

**肩ひもの
ワンピース
p.08**

p.62-63 ❶〜❽参を参照してワンピースを作る
❶表布に型紙を写し、縫いしろをつけて切る

表布（裏）
ボディ

❷表に返し、スカートをつける
型紙は違いますが工程は同じです。
肩ひも用レース約 30〜40cm 2 本
ゴム約 20〜30cm 2 本　寸法は長めになっています。
ワンコに合わせて調節してください

❾肩ひもと面ファスナー をつける

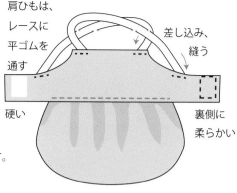

肩ひもは、
レースに
平ゴムを
通す

差し込み、
縫う

硬い

裏側に
柔らかい

p.62-63 ❶〜❽参照

**リボン
つき
ワンピース
p.09**

布：ボディ、スカート、
リボン用に
それぞれ表・裏の 2 枚

❶表布に型紙を写し、縫いしろをつけて切る
❷裏布にとめ、出来上り線を縫う

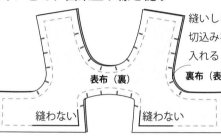

縫いしろに
切込みを
入れる

表布（裏）　裏布（表）

縫わない　　縫わない

❸表に返す

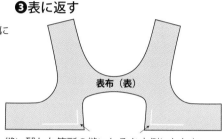

表布（表）

縫い残した箇所の縫いしろを内側にたたむ

この位置までスカートを入れる

矢印の箇所を粗く縫い、それぞれ絞る

A〜B　A〜A　A〜B

スカートに型紙を乗せ、
ずらしながら縫い位置を写す

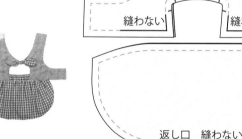

返し口　縫わない

---

❹スカートのギャザー位置を粗く縫う

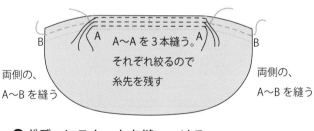

B　A　A〜A を 3 本縫う。　A　B
　　それぞれ絞るので
　　糸先を残す

両側の、
A〜B を縫う

両側の、
A〜B を縫う

❺スカートにギャザーを寄せる

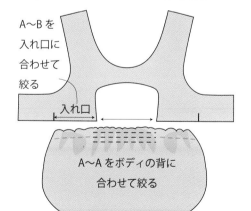

A〜B を
入れ口に
合わせて
絞る

入れ口

A〜A をボディの背に
合わせて絞る

---

❻ボディにスカートを縫いつける

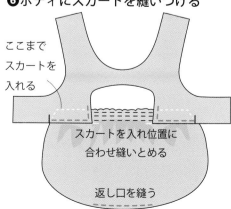

ここまで
スカートを
入れる

スカートを入れ位置に
合わせ縫いとめる

返し口を縫う

❼リボンを作る
①縫いしろ 1 cm を
つけて布を切る

②裏布を中表に合わせて縫う

③裏布に切込みを入れ、表に返す

❽リボンを背中に結ぶ

縫いとめる

デニムの ハーネス p.20

布：本体用1枚
PPテープは、20mm幅を使う
バックルは、20mm用のサイドリリース
バックル動物用 湾曲したタイプを使う

❷型紙の線にそって飾りステッチをする

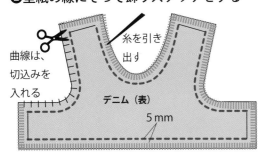

曲線は、切込みを入れる

糸を引き出す

デニム（表）

5mm

❸リボンを作る

グログランリボンのリボン

A　B

①点線を折る　②Bを巻く

❶デニム地に型紙を写し、周囲に2cmフリンジ分をつけて切る

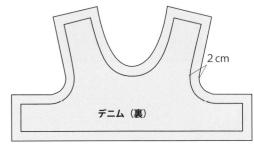

2cm

デニム（裏）

フリンジの作り方

糸を竹串等で引き出して抜いていく。曲線の箇所は、型紙線の5mm手前まで5cm間隔で切込みを入れておくと抜きやすい。ステッチ線の5mm手前まで糸が抜けたら先をカットして整える。洗濯するとフリジンがしっかりする

❹付録型紙B面参照して、①パーツ型紙を貼る②パーツを組み合わせる③面ファスナーをつける

ワンコに着せて
面ファスナーをとめ
パーツつけ位置を微調整

バックルをとめて
つけ位置を決める

リボンと
パーツを
しっかり
縫いつける

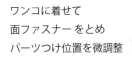

キルティング のボレロ p.29

布：本体、衿用に左右各1枚

❶型紙のとおりに布を切る

2枚ずつ切る

表布（表）

角を曲線に切る

❷縁どりテープをつける

衿つけ位置の1cm先までつける

❸衿をつける

まつる

衿を折り返す

表布（裏）

数か所とめる

❹本体を縫い合わせる

面ファスナーをつける

硬い面

柔らかい面

ニット縁どりテープ

布

布を挟んで、縫う

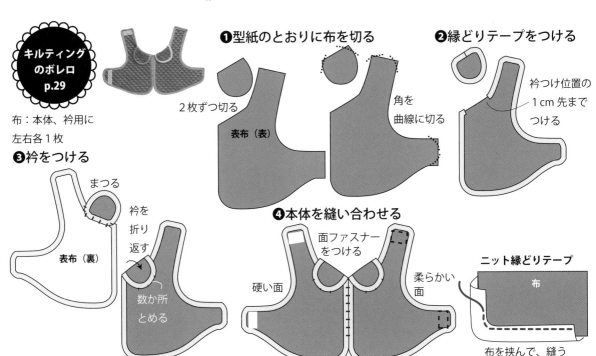

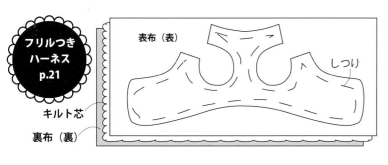

フリルつき
ハーネス
p.21

表布（表）

しつけ

キルト芯

裏布（裏）

本体用に 表・裏の2枚
キルト芯1枚／フリル用1枚

❶表布に型紙を写す。
縫いしろはつけない

❷キルト芯と裏布を❶に重ね
ずれないようにしつけをする

❸肩を仮縫いして、ワンコに試着する

本体（裏）

中表にして肩線を
合わせて縫う。
ワンコに着せて、
首・腕ぐりが
合っているか確かめ、
縫い位置を調整する

腕ぐりが狭い場合は、少し大きくする

❹肩をしっかり縫い合わせる

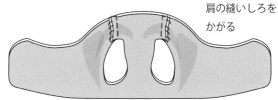

肩の縫いしろを
かがる

❺周囲にバイアステープをつける

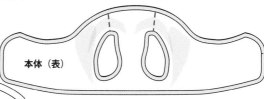

本体（表）

❻フリルを作る

フリル

表布（表）

①1cmの縫いしろをつけ布を切る

②半分に折り、粗く縫う

③糸を引き、ギャザーを寄せる

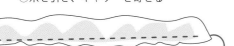

❼フリルをつける

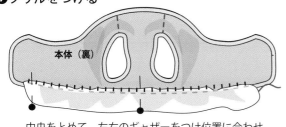

本体（裏）

中央をとめて、左右のギャザーをつけ位置に合わせ、
縫いとめる

バイアステープのつけ方

①テープを広げて図のように布に乗せ縫う

本体（表）

バイアステープ（裏）

②裏返してテープをたたみ、縫う

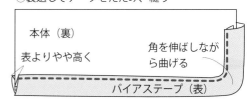

本体（裏）

表よりやや高く

角を伸ばしなが
ら曲げる

バイアステープ（表）

❽付録型紙B面を参照して、

①パーツ型紙を貼る

②パーツを作る

③面ファスナーを本体につける

ワンコに着せて
面ファスナーをとめ
パーツつけ位置を微調整

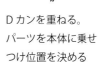

Dカンを重ねる。
パーツを本体に乗せ
つけ位置を決める

布：本体用に 表・裏の２枚／アップリケ用フェルト

❶表布に型紙を写し、縫いしろをつけて切る

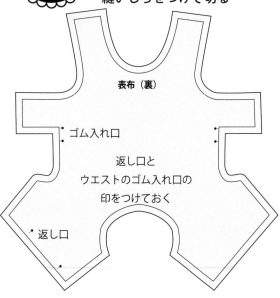

表布（裏）

・ゴム入れ口

返し口と
ウエストのゴム入れ口の
印をつけておく

・返し口

❷裏布にとめ、出来上り線を縫う

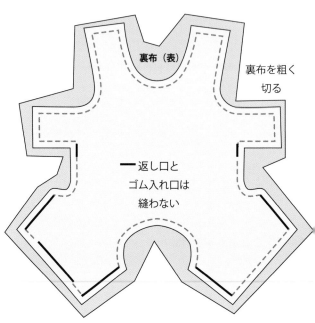

裏布（表）

裏布を粗く
切る

―返し口と
ゴム入れ口は
縫わない

❸縫いしろに切込みを入れ、折る

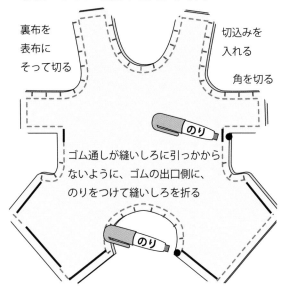

裏布を
表布に
そって切る

切込みを
入れる

角を切る

ゴム通しが縫いしろに引っかからないように、ゴムの出口側に、のりをつけて縫いしろを折る

のり

のり

❹表に返し、返し口をかがる。印をつける

①型紙を切り抜く
②型紙を乗せ、
印をつける
③裏側のアップリケ
位置も
写す
p.46-❼
参照

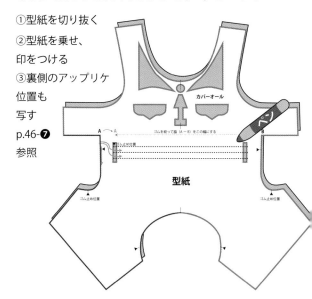

カバーオール

ゴムを絞って脇（A－B）をこの幅にする

A　A

B

ゴム止め位置

ゴム止め位置

型紙

アイロン両面接着シートを使ったアップリケ

★布の裏側に貼るので、図案は反転して掲載しています

❶図案にアイロン両面接着
シートを乗せ、図案を鉛筆で
剥離紙に写す

同じ色のものを集めて写す

❷剥離紙の上から
アイロンをかける

布やフェルト（裏）

❸パーツを切り抜く

❺アップリケ位置に、のり面を
下にしておく。アイロンをかける

本体に縫いつける

❺ゴムを通す箇所にステッチを入れる

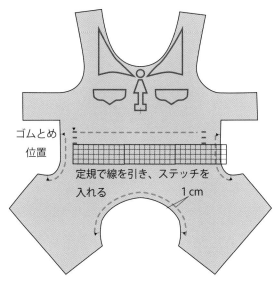

ゴムとめ
位置

定規で線を引き、ステッチを
入れる　　　　　1 cm

❻図のようにゴムを通す

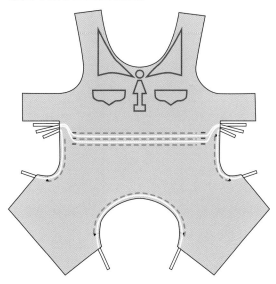

❼片方のゴムとめ位置で、ゴムを縫いとめる

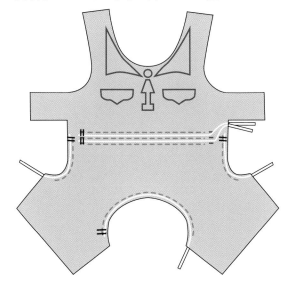

❽裾をかがる

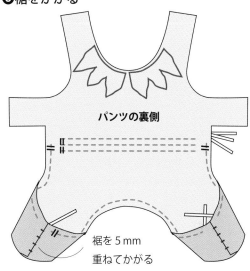

パンツの裏側

裾を 5 mm
重ねてかがる

❾アップリケをつける。ギャザーを寄せる

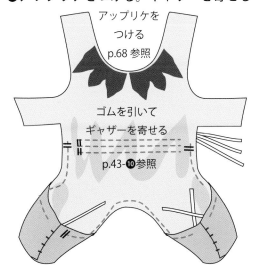

アップリケを
つける
p.68 参照

ゴムを引いて
ギャザーを寄せる

p.43-❿参照

❿試着して、ゴムを切り、面ファスナーをつける

p.43-⓫を参照して、
試着後、もう片方のゴムとめ位置で、ゴムを縫いとめる。
面ファスナーをつける

硬い

裏側に
柔らかい

リバーシブル
裏側

硬い

柔らかい

type C ケープワンピース

縦フリル

①型紙を布目に対して45°において写し、縫いしろをつけずに切る

②中央を粗く縫う

③本体に合わせまち針でとめ、ギャザーを整え、縫う

（ケープワンピースバリエーション p.07）

首フリル

①フリル布に型紙を写し、縫いしろをつけて切る

②中表に半分に折って縫う

③表に返し返し口をふさぐ。縁を粗く縫い、本体に合わせギャザーを寄せる

フリル布（裏）

1cm

返し口

表

中央、左右の順にまち針でとめてギャザーを整え、縫う

グログランリボンのリボンつき

型紙のサイズにリボンをたたむ

半分に折ったリボンを中央に巻き、縫う

（チェックのシャツ p.17）

❶4種の布を型紙サイズに切り縫い合わせる

縫いしろを割る

❷型紙を乗せる
型紙の出来上り線を写し、縫いしろを1cmつけて切る

本体型紙

合わせる

この服の場合、型紙の基本線を移動するのではなく、首・胴ベルトは、長めに作り、片側に面ファスナーをつけておく。ボディ縫製後に縫い位置に仮止めしてマジックで留め、長さを調整してからとめる

❸パーツを枚数分、縫いしろをつけて切る

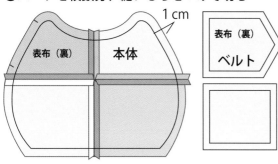

表布（裏） 本体
1cm

表布（裏） ベルト

❹短冊は、縫い代を折る

短冊

❺衿は、「衿つきのボディを作る」p.48❶〜❹を参照して作りレースを裏側から縫いつける

表布（裏） 衿　裏布（表）

❻本体の表・裏布で衿を挟んで縫う（p.48❻〜❽）p.46-47❷〜❾を参照して本体を作る

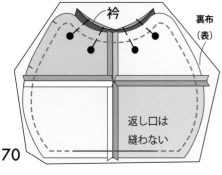

衿

裏布（表）

返し口は縫わない

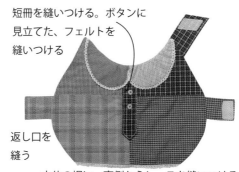

短冊を縫いつける。ボタンに見立てた、フェルトを縫いつける

返し口を縫う

本体の裾に、裏側からレースを縫いつける

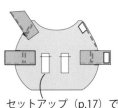

セットアップ（p.17）で使う場合は、裏側に面ファスナーをつけるつけ方 p.48、つけ位置 p.53 参照

本体は、p.46-47 を参照して作る

マフラーを作る　①布に型紙を写し、縫いしろをつけて切る　　1cm

表布（裏）

②中表に半分に折り、片側をあけて（返し口）縫う

③表に返し、返し口をかがる。
レースの装飾をつける

レース

本体は、p.46-47 を参照して作る

フードを作る　　フード：布は 表・裏それぞれ2枚ずつ・キルト芯2枚

❶縫いしろをつけて切る　　　　　　　　　❷それぞれ縫う　　　　　　キルト芯の縫いしろは、
できるだけ少なく切る

1cm

前　（表）
表布（裏）

（表）
裏布（裏）

キルト芯

❸表布は
表に返す

❹順に重ねる

表布と裏布を中表に重ね、
キルト芯を
かぶせる

裏布
表布
キルト芯
縫いしろを
割って
かがる

ここを開く

❺フードの側面を縫う

裏布（表）　　キルト芯

表布（裏）

❻p.46-47 を参照して
本体を作る　裏布とキルト芯を
表布にそって切る

裏布（表）

フードつけ位置は
縫わない

表布（裏）

返し口は
縫わない

❼フードを表に返し、
本体に差し込む

タックを
たたみ
首回りに
合わせる

中央

裏布（表）

裏布（裏）
中央

表と表、裏と裏が
合わさるように差し込み、
フードと本体の中央を
合わせる

返し口

❽首回りを
ぐるりと1周縫う

❿p.46-47 を参照して
**ベルトを
つける**

❾返し口から表に返す

フードと
コートの裾を
星どめする

ハーネスの
穴をあける

面ファスナーを
つける

返し口をかがる

柄に天地のある布は、
p.73 参照

type D 直線裁ちの和装

はっぴと甚平さんは同じ作り。両方1枚仕立てです。
甚平は、袖にはしごレースを入れました

お祭り
ワンコの
はっぴ
p.22

涼しそうな
甚平さん
p.23

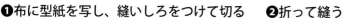

❶布に型紙を写し、縫いしろをつけて切る

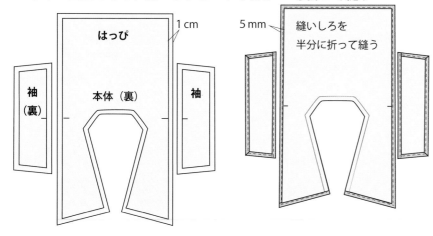

1cm

はっぴ

袖
（裏）

本体（裏）

袖
（裏）

❷折って縫う

5mm

縫いしろを
半分に折って縫う

❸衿を作る

衿布を1cmの縫いしろをつけて切る。
縫いしろを折って折り目をつける

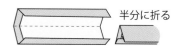

半分に折る

❹衿を本体につける

本体（表）

本体に開いてまち針で
とめ、縫う

衿（裏）

中央を
合わせる

1cm

❺衿を表に返す

衿を出来上り線で折り、
表に返す。
縫いしろを内側に返して
裏側の縫い目に合わせて
縫う

❻本体と袖を中表にして縫う

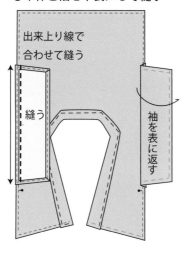

出来上り線で
合わせて縫う

縫う

袖を表に返す

❼袖と本体の脇を縫いどまりまで縫う

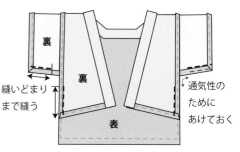

裏

裏

表

縫いどまり
まで縫う

通気性の
ために
あけておく

❽裾をかがる

硬い面

柔らかい面

かがる

❾面ファスナーをつける

帯は、衿と同じ作り方で作り、
縁を縫う

甚平

袖に
はしご
レースを
つける

❻本体と袖を中表にして縫う

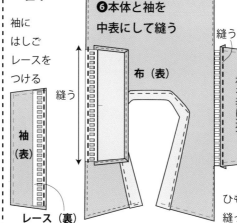

縫う

布（表）

縫う

袖を表に返す

袖
（表）

レース（裏）

❼袖と本体の脇を縫いどまりまで縫う
❽裾をかがる
❾本体の背と裾に面ファスナーをつける

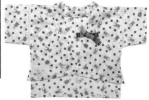

ひもは、衿と同じ作り方で作り。縁を
縫ってリボン結びにする。衿に縫う

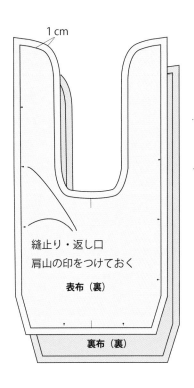

1cm

縫止り・返し口
肩山の印をつけておく

表布（裏）

裏布（裏）

**❶表・裏の布にそれぞれ型紙を写し
縫いしろをつけて切る**

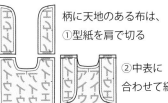

柄に天地のある布は、
①型紙を肩で切る

②中表に
合わせて縫う

③縫い代を
開く

寒い日の
ちゃんちゃんこ
p.36

❷それぞれ、肩山で中表にたたみ脇を縫う

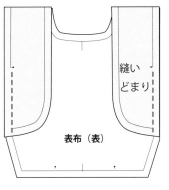

表布（表）

縫いどまり

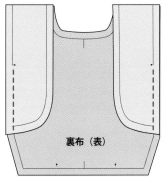

裏布（表）

❸裏布の脇の縫いしろを折る

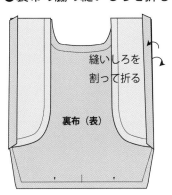

縫いしろを
割って折る

裏布（表）

❹表布に裏布を中表に差し込む

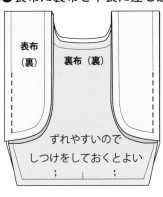

表布
（裏）

裏布（裏）

ずれやすいので
しつけをしておくとよい

❺返し口を残して回りを縫う

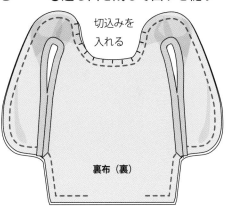

切込みを
入れる

裏布（裏）

❻衿とひもを、縫いしろをつけて切る

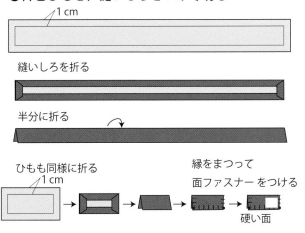

1cm

縫いしろを折る

半分に折る

ひもも同様に折る
1cm

縁をまつって
面ファスナーをつける

硬い面

❼本体を表に返す

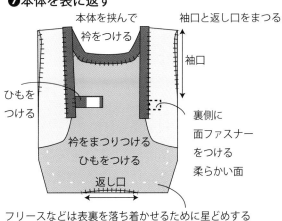

本体を挟んで
衿をつける

袖口と返し口をまつる

袖口

ひもを
つける

裏側に
面ファスナー
をつける
柔らかい面

衿をまつりつける
ひもをつける

返し口

フリースなどは表裏を落ち着かせるために星どめする

73

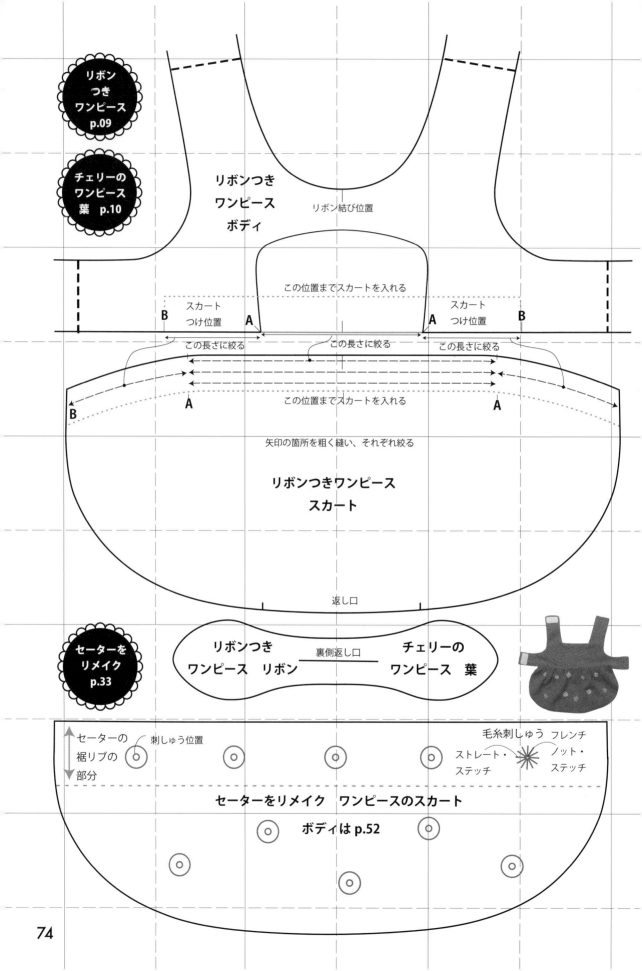

リボン
つき
ワンピース
p.09

チェリーの
ワンピース
葉　p.10

リボンつき
ワンピース
ボディ

リボン結び位置

この位置までスカートを入れる

スカート
つけ位置

B

A

スカート
つけ位置

A

B

この長さに絞る

この長さに絞る

この長さに絞る

A

この位置までスカートを入れる

A

B

矢印の箇所を粗く縫い、それぞれ絞る

リボンつきワンピース
スカート

返し口

セーターを
リメイク
p.33

リボンつき
ワンピース　リボン

裏側返し口

チェリーの
ワンピース　葉

セーターの
裾リブの
部分

刺しゅう位置

毛糸刺しゅう

ストレート・
ステッチ

フレンチ
ノット・
ステッチ

セーターをリメイク　ワンピースのスカート

ボディは p.52

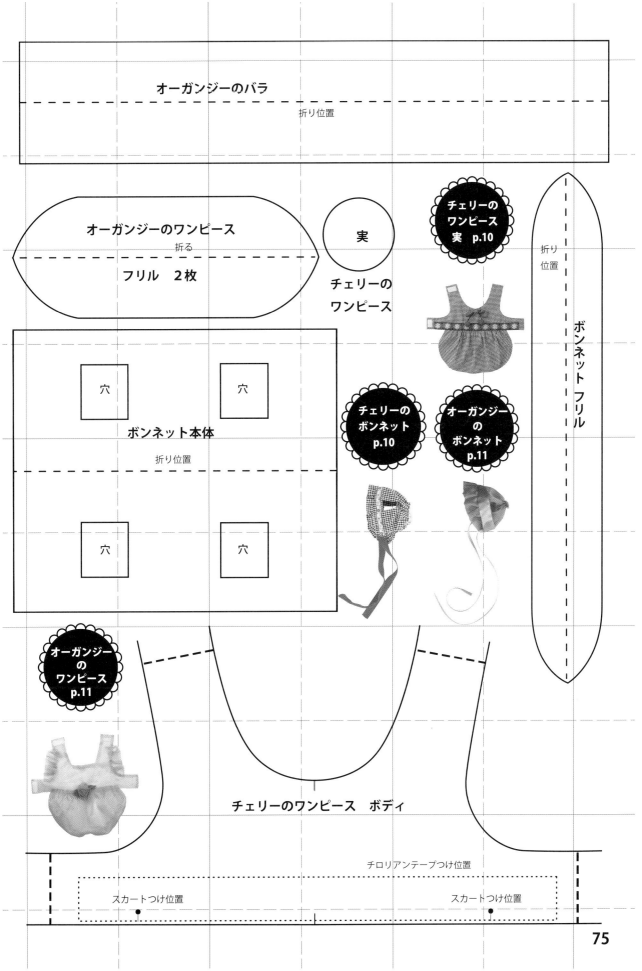

オーガンジーのバラ

折り位置

オーガンジーのワンピース

折る

フリル　2枚

実

チェリーの
ワンピース

チェリーの
ワンピース
実　p.10

折り位置

ボンネット フリル

穴　穴

ボンネット本体

折り位置

穴　穴

チェリーの
ボンネット
p.10

オーガンジー
の
ボンネット
p.11

オーガンジー
の
ワンピース
p.11

チェリーのワンピース　ボディ

チロリアンテープつけ位置

スカートつけ位置　　スカートつけ位置

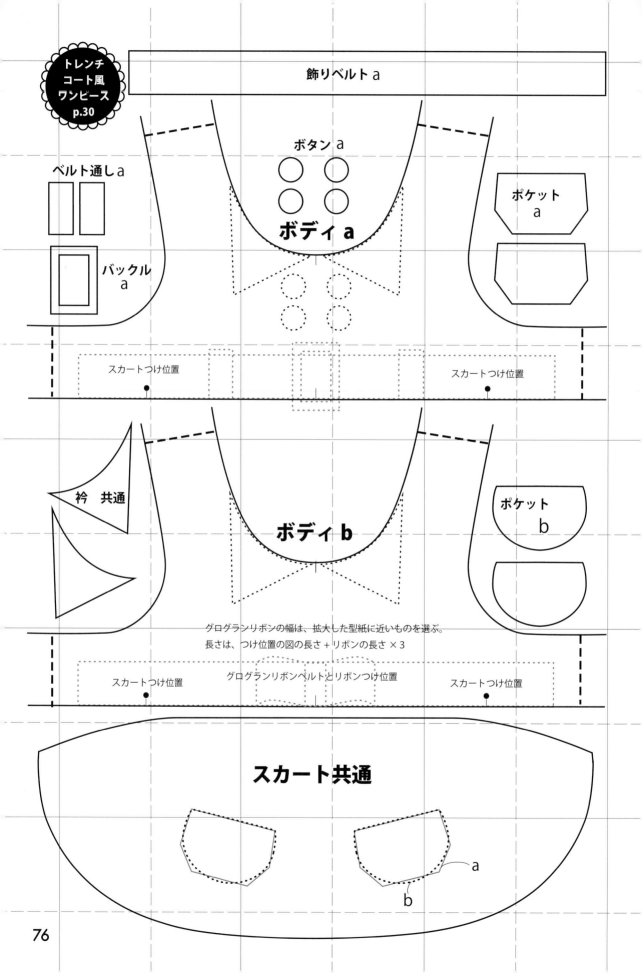

飾りベルト a

ベルト通し a

ボタン a

ボディ a

ポケット
a

バックル
a

スカートつけ位置

スカートつけ位置

衿　共通

ボディ b

ポケット
b

グログランリボンの幅は、拡大した型紙に近いものを選ぶ。
長さは、つけ位置の図の長さ＋リボンの長さ×3。

スカートつけ位置

グログランリボンベルトとリボンつけ位置

スカートつけ位置

スカート共通

a

b

誕生日の
お祝い服
p.26

文字は、両面接着シートに写して
使うので、
反転してあります

アップリケのつけ方

「アイロン両面接着シートを使った
アップリケ」p.68 参照

フェルトパーツを
アイロンでつけ、
縫いとめる

OI234
56789
ABCDEFGHIJKLMN
OPQRSTUVWXYZ
ネクタイパーツ ‖ 蝶パーツ

バラ
2枚 花心
デイジー
パーツ
葉

立体アップリケを作る

アップリケは、フェルト用の接着剤で接着し、糸でしっかり縫いとめる

バラ
a
b
外側が b
中心が a
切り抜く　とめながら巻く　とめる

マーガレット
重ねる　2枚重ねる　花心をつける

葉
重ねて
とめる

ネクタイ
たたむ　通す

蝶
たたむ　巻く

本体を作る

①フェルトに型紙を
写して切り抜く

②衿を
折る
縫いとめる

切込みを
入れる

フェルトが型紙より
小さいときは足して縫う

③文字やパーツを
つける。中央の
文字からつけて
いくとそろえ
やすい

柔ら
かい面
硬い面
ABC

④面ファスナーをつける

ワンコに着せるときは

**ワンコに服を着せることは、飼い主さんの楽しみ。
ワンコはそれにつき合ってくれています。**

服を嫌がるワンコには、無理をさせないでください。ゴムがきつかったり、体に合わない服の場合も、ワンコには負担になります。

ゆらゆらする飾りが気になると、嫌がるワンコが多いです。服の材質を変えると、素直に着てくれる場合も。あなたのワンコに合わせていろいろ工夫してみてください。

ワンコのリラックスを優先に、着せっぱなしはやめましょう。飼い主が留守にするときや睡眠時も、服は脱がせてあげましょう。ワンコも人間の子どもと同じように、季節や気候に合わせた服を選びましょう。

手作りのハーネスは、市販のものほどしっかり作るのはむずかしいです。首輪と供用してダブルリードで使ってください。

服の製作途中での試着も大切。サイズの合った服はワンコも快適です。パンツやブルーマーのゴム、サスペンダーや肩のストラップは、仮どめして試着してから固定してください。

「平らなワンコ服」は面ファスナーを使用し、首や胴でとめる服ですから、ワンコにフィットしていることがとても大切です。ゆるくなったり、窮屈な服を着せるのはさけましょう。面ファスナーはしっかりとめましょう。面ファスナーは、糸や毛がからむと接着力が弱くなるので気をつけてください。

ワンコは活発に動きます。手縫いの場合、縫始めや縫終りなどは、糸がほつれないように返し縫いをしてからとめてください。パーツもしっかりとめましょう。丈夫な服を作ってあげてくださいね。

お洗濯

面ファスナーが他の洗濯物にからまないように、単独での手洗いをおすすめします。充分にすすぎをした後、形を整えてから干しましょう。

洗濯後でも、ワンコは自分の匂いがわかります。自分の匂いのするものは、おもちゃにしたがるので、ボロボロにしちゃうことも。ワンコのそばには置かないで。

フェルトやウールのドレスの場合

30℃以下のぬるま湯で、ウール用おしゃれ着洗剤でやさしく洗い、充分にすすぎをした後、軽く絞り、手でパンパンと軽くたたき、形をととのえて風通しのよいところに干します。表面の毛羽立ちは、中温度でアイロンをかけるときれいに仕上がります。※色落ちすることがあるので、他繊維と一緒に洗わないこと。多少縮むことがあります。

最近、老犬の散歩風景をよく見かけます。人間同様ワンコも身体のいろんなところに不調をきたすようですが、小さな身体での薬の治療は、効果的でも長く続けることは心配だと思っていました。そんな時に近所の獣医さんから鍼灸の出来る病院として紹介して頂いたのが、ミ・サ・キ・動物病院でした。東洋医学の治療やワンコに服を着せることについて、質問させて頂きました。

ミ・サ・キ・動物病院　西依遊作先生

どのような治療をしていらっしゃるのですか？

東洋医学の立場から動物の治療をしています。その子のストレスを取り除き緩和する為の全身治療として施術するのが鍼灸治療です。来院するワンコの多くは腰痛等の慢性病を患っています。患者であるワンコの状態を知るために、治療の第一歩として、どんな環境で暮らしているのか、同居犬がいるかということも、質問させて頂いています。診察は、触ってあげることも大切です。鍼灸は全身治療です。痛みや問題のある箇所を治療するだけではなく、他の箇所も施術することで体のバランスを改善していきます。治療では、ワンコが不安を感じずにリラックスして治療を受けられるように飼い主さん同伴のもとで施術します。痛みのほとんどない針治療を行ったり、身体の冷えや痛みを抱えてる子には、お灸も合わせて行います。お灸は身体を温める効果と共に精神安定作用、鎮痛作用、新陳代謝を高めるなど、多くの効果があります。

ワンコにとって、服を着ること、パンツをはくことはいかがですか？

ワンコに服を着せることに私は、違和感がありません。最近はおむつがとてもポピュラーになってきました。おむつをはいたワンコの印象というと、オシッコを漏らすのかな？病気かな？と思われがちですね。それで飼い主さんが強くストレスを感じると、ワンコも同様にストレスを感じます。ワンコはいつも飼い主さんの状態をとてもよく感じとっています。カワイイおむつカバーをして飼い主さんがリラックスできるとすれば、ワンコも楽しい時がすごせて、とってもプラスだと思いますよ。

ワンコの健康からパンツのことを考えると、こんなふうに思います。特にお腹を冷やさないことは大切です。腰やお腹の弱い子は、お灸をするとみんな気持ち良さそうにしています。同様に腰が冷えると関節症になりやすく、温めるのは重要です。パンツで覆って保温してあげるのは、良いことだと思います。痛みや痺れがなくなるとワンコも自信を持って行動しますし、痛みが慢性的な場合は、ワンコも気持ちが落ち込んだり、塞ぎ込むことにもつながります。

服を着せた時は、脱げたりしないように気をつけてあげてください。サスペンダーをしても、締めつけたり、長時間の着用はしないように、そして着ているところを、無理がないかしっかり見ていてあげてください。

体の硬い子、歳をとって身体が硬くなった子は、身体を掻きにくくなっているので、よくなでてあげると喜びます。特にワンコにとって顎の下から胸のあたりが気持ち良いんです。試してみてください。そして、ワンコには、よく声をかけてあげることが、やっぱり大事です。

ミ・サ・キの「ミ」は（視る）、「サ」は（触る）、「キ」は（聴く）、すなわち、診療の基本である視診・触診・聴診を表したものです

ミ・サ・キ・動物病院
https://3e-misaki.com/

〒168-0072 東京都杉並区高井戸東２－２５－８
TEL：03-5370-1013
獣医師　西依遊作
鍼灸漢方を取り入れた優しい治療を心がけています。
鍼灸の往診も担当しております。

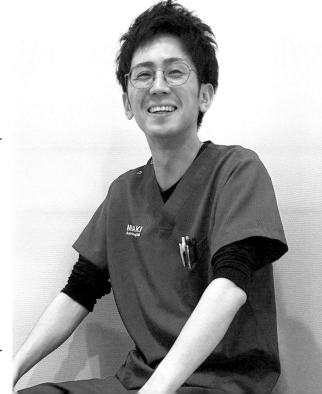

あとがき　「平らなワンコ服」の3冊めです。いろんなかたから、ご意見いただきとても参考になりました。ありがとうございます。1冊め、2冊めのモデルで頑張ってくれた、我が家のワンコ「ハナちゃん」は9歳になり、おばさん的振る舞いや、歩きにくそうなそぶりが見えるようになりました。飼い主とともに、ワンコが歳をとっていきます。3冊めは、そんな少し中高年ワンコのことも考えて作りました。人間と同じ、「ちょっと調子悪いな今日は」と言いながら寄り添って暮らしてくれています。おむつ、腰の冷え、これも人間と同じように穏やかに自然に……。そんなふうに思っています。

ご注意　いろいろなワンコがいます。アクティブ、おとなしい、なんでもおもちゃにしてしまうワンコ。服を着ているときや、小物をつけているときには、飼い主さんが見守っていてあげてください。パーツが取れそうになっていないか、ほつれそうなところはないか、気をつけてください。服や小物の材料＝布地、パーツ、手芸用品や接着剤等は、口に入れることを想定して作られてはいません。ワンコが、服を噛んだり、飲み込んだりしないように気をつけてください。

辻岡ピギー・小林光枝：ピポン

https://www.sigma-pig.com/
https://www.pigpong.jp/

アート製作のユニットピポンに、ワンコ好きの姉＝小林光枝も参加。姉妹でワンコの服を作っています。小林家の、カワイイ服を着た2匹のワンコも近所で大人気！ピポンオリジナルプリントやワンコ雑貨もたくさん制作しています。ユザワヤ芸術学院 吉祥寺校にて「ピポンのかわいいワンコ服」開講中。

【ピポンの本】
『フェルトのお守り、ラッキーチャーム』文化出版局、
『ヌメ革クラフト ハンドブック』グラフィック社、ほか多数。

ピポンのホームページ 　ピポンのお店 　はなちゃん box

Vol.3

おむつカバーからコートまで

平らなワンコ服
パンツもドレスも

撮影にご協力くださった、ワンコさん

太田メロディちゃん　キャバリア・スパニエル
唐沢ももちゃん　カニンヘンダックスフント
佐藤クゥ太くん　ロングコートチワワ
高橋タンタンくん　ティーカッププードル
濱上まさるくん　トイプードル
細川メグちゃん・ミルクくん　フレンチブルドッグ
本橋玉姫ちゃん　柴犬
我那覇ぽん太ちゃん　ヨークシャーテリア
小林はなちゃん・ゆずちゃん　トイプードル

Staff

ブックデザイン・イラスト　がなはようこ
屋内撮影　吉崎貴幸／屋外撮影　池田ただし（ズーム・ヴューズ）
協力　酒井惠美（エムズ・プランニング）
　　　六角久子、原のりこ
校閲　向井雅子
編集　大沢洋子（文化出版局）

協力

ドッグサロン クーチークースケ　https://coochiecoosuke.jp/
https://www.instagram.com/coochiecoosuke/
店名は赤ちゃんのごきげんをとるときの『よしよし、こちょこちょ〜』の意味の『クーチークー』と、愛犬クウ介を合わせた造語です。

提供　カワイイ布をたくさんありがとうございます
ティルダ https://tildajapan.com/
ユザワヤ https://www.yuzawaya.shop/

2023 年 9 月 10 日　第 1 刷発行

著　者　辻岡ピギー・小林光枝：ピポン
発行者　清木孝悦
発行所　学校法人文化学園 文化出版局
　　　　〒151-8524　東京都渋谷区代々木 3-22-1
　　　　tel.03-3299-2489（編集）
　　　　tel.03-3299-2540（営業）
印刷・製本所　株式会社文化カラー印刷

文化出版局のホームページ　https://books.bunka.ac.jp/